Les Compagnies
de Colonisation

sous l'ancien régime

PAR

JOSEPH CHAILLEY-BERT

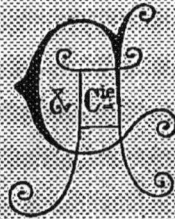

PARIS

Armand Colin & Cie, Éditeurs

5, rue de Mézières, 5

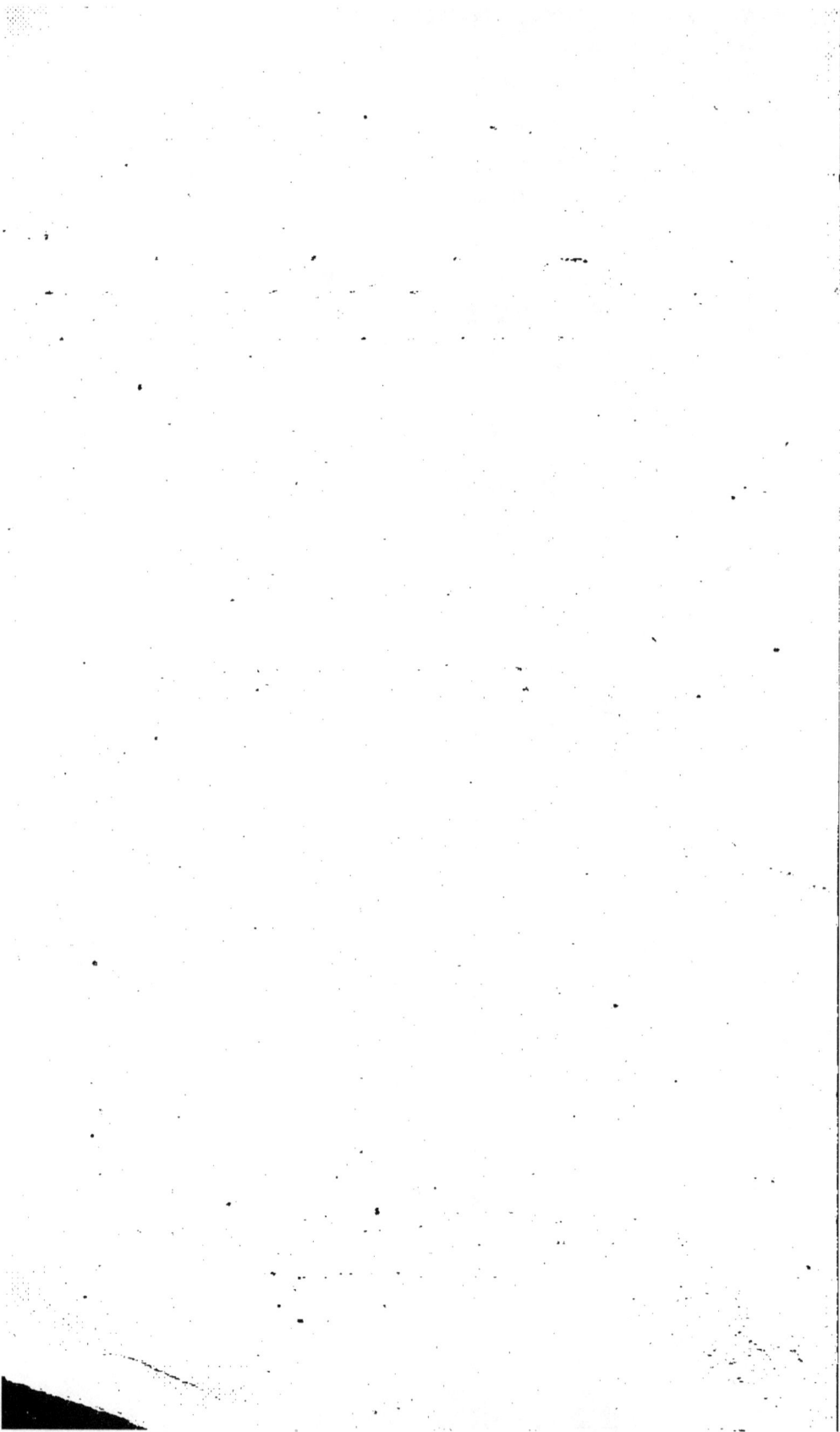

LES

COMPAGNIES DE COLONISATION

SOUS L'ANCIEN RÉGIME

PAR

J. CHAILLEY-BERT

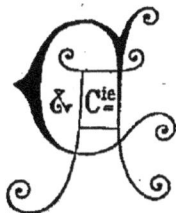

PARIS

ARMAND COLIN ET Cⁱᵉ, ÉDITEURS

5, RUE DE MÉZIÈRES, 5

1898

LES
COMPAGNIES DE COLONISATION
DANS L'ANCIEN RÉGIME

Les Compagnies privilégiées
de colonisation.

Peu de sujets, depuis quelques années, ont été plus discutés que celui des Compagnies privilégiées de colonisation.

L'ancien régime en avait fait, pendant plus d'un siècle et demi, l'un de ses instruments favoris. La Hollande, l'Angleterre, la France, le Portugal, le Danemark, la Suède, l'Allemagne, avaient, timidement dans la seconde moitié du xvie siècle, mais largement et audacieusement pendant le xviie et le xviiie, usé de ce procédé, alors à beaucoup d'égards avantageux, soit pour développer leur commerce avec les nouveaux continents (Amérique, Océanie) et même avec les parties peu connues de l'ancien (Afrique, Asie), soit pour y établir des colonies de leurs nationaux et y fonder de véritables empires.

L'institution de ces Compagnies de colonisation avait subi plus d'une alternative. Très fort encouragées par les gouvernements, soutenues, particulièrement au début, mais dès le le début aussi, et surtout plus tard, quand elles eurent développé, avec tous leurs avantages, tous leurs inconvénients, très attaquées par les marchands, les Compagnies de colonisation s'étaient, avec plus ou moins de persistance, malgré bien des échecs, bien des ruines et même bien des interruptions, perpétuées ou plutôt traînées jusqu'à la veille du xixᵉ siècle. Une d'elles même, la plus puissante et la plus célèbre, la Compagnie anglaise des Indes orientales, avait duré jusqu'au milieu de ce siècle, tandis qu'une autre, la dernière de toutes, la Compagnie d'Hudson, fondée en 1670, avait duré jusqu'en 1870, et peut-être même dure encore aujourd'hui, au moins nominalement, et bien que dépouillée de la plupart de ses droits et de ses privilèges. Mais, dès la seconde moitié du xviiie siècle, dénoncées par les commerçants et poursuivies par beaucoup de publicistes (encyclopédistes et économistes), elles semblaient condamnées par l'opinion et abandonnées par les gouvernements; et, surtout après la suppression de la Compagnie des Indes anglaises (deux dates : 1834 et 1858), on pouvait croire que cette forme de colonisation ne relevait plus que de l'histoire, quand, tout d'un coup, on l'a vue, depuis une vingtaine d'années, reparaître, grandir, et à nouveau s'étendre sur tout le monde.

L'Angleterre, puis l'Allemagne, puis le Portugal, ont par des procédés législatifs différents, mais dans un but presque toujours identique, suscité ou encouragé des Compagnies privilégiées de colonisation. L'Italie, avec sa passion d'imitation, a prétendu en fonder à son tour [1], d'ailleurs jusqu'ici sans résultat sérieux. L'Espagne elle-même s'est émue, et a songé à orga-

---

1. Ceci, une première fois affirmé par nous, a été mis en doute. On en trouvera la trace dans l'ouvrage de M. le député italien Colajani : *La politica coloniale.*

niser une Compagnie de colonisation dans ses Philippines pour le peuplement et la mise en valeur des parties jusqu'alors inoccupées. Enfin, la France, qui depuis vingt ans a reconstitué son empire colonial et a des droits à faire valoir sur d'immenses étendues, en Asie et surtout en Afrique, s'est demandé si elle n'allait pas recourir, elle aussi, à ce procédé, dont elle a si largement usé sous l'ancien régime, et qui, transformé d'ailleurs et approprié aux idées et aux besoins des sociétés modernes, semble avoir donné à ses rivales des résultats dignes de considération.

Ce sont des publicistes qui tout d'abord ont lancé cette idée parmi nous; le gouvernement y a prêté attention, et, quand il était sous-secrétaire d'État aux colonies, M. Étienne a saisi de la question le Conseil supérieur des colonies. Le Conseil l'a étudiée avec soin, quoique avec passion : il a donné au gouvernement une consultation dont on pourra tirer profit si jamais on passe de l'étude à l'action. Plus tard, le gouvernement a déposé sur le bureau du Sénat un projet de loi, assez bref d'ailleurs, demandant pour le gouvernement l'autorisation de créer par décret des Compagnies de colonisation.

Entre temps un ministre a tenté l'expérience : il a accordé des concessions territoriales, bases de Compagnies de commerce et de colonisation, mais sans les grands privilèges qu'a connus l'Ancien Régime.

Enfin un sénateur, M. Lavertujon, voyant la solution législative qui traînait en longueur, a repris l'idée à son compte; et M. Pauliat, rapporteur de la commission spéciale, a fait un rapport, publié au début de 1898, qui ne semble pas favorable à l'excès aux Compagnies de colonisation privilégiées ou non.

Ce rapport ne sera vraisemblablement pas l'objet d'une discussion prochaine. La résurrection entrevue des Compagnies de colonisation a suscité des défiances dans le Parlement, et, dans la presse, de très vives controverses. Quelques-uns de nos publicistes les plus distingués sont intervenus dans la discussion et ont pris parti pour ou contre les Compagnies.

Les choses aujourd'hui sont en l'état.

Cette question, cependant, a son importance;

1.

elle mérite d'être étudiée; nous apportons notre contribution à cette étude.

Nous publions aujourd'hui une première partie : les Compagnies privilégiées de l'ancien régime. Nous en publierons plus tard une seconde : les Compagnies à charte modernes.

CHAPITRE I

Causes, buts, procédés.

---

§ 1. *Pourquoi des Compagnies privilégiées de colonisation?*

SOMMAIRE. — Causes qui déterminèrent l'association : le commerce des épices monopole de deux ou trois nations : Portugais, Hollandais; entrée en scène des Anglais, Français, Espagnols; dangers de cette concurrence internationale; les convois escortés; les associations de défense; les associations de commerce et de culture.

Causes qui déterminèrent le privilège : risques de ces entreprises; rareté des capitaux mobiliers; nécessité de les associer; nécessité de les attirer par des avantages.

L'instrument par excellence de colonisation sous l'Ancien Régime a été, nous venons de le dire, les Compagnies privilégiées. Toutes les nations en ont créé à l'envi. La France en a eu depuis le début du xviie siècle jusqu'à la fin du xviiie, et les échecs si nombreux des ces Compagnies, soit françaises, soit étrangères, n'ont jamais pu complètement dégoûter nos rois de cette forme de colonisation.

Pourquoi toutes les nations qui, à cette époque, ont voulu coloniser ont-elles recouru au même procédé? Et pourquoi, y ayant une fois recouru, ne l'ont-elles jamais entièrement délaissé? Pourquoi des Compagnies? Et pourquoi des Compagnies privilégiées? C'est ce que nous voudrions rechercher d'abord.

La colonisation au début du xviie siècle fut fille du commerce.

Le xvie siècle avait vu les navigateurs, surtout de la Hollande et du Portugal, rapporter d'Amérique, d'Asie et d'Océanie des richesses fabuleuses, soit en métaux précieux que l'on estimait alors le souverain bien, soit en épices qui se vendaient à peu près au poids de l'or. Et tous les peuples, obligés de s'approvisionner près de ces privilégiés, s'étaient posé unanimement cette question : Pourquoi acheter à ces intermédiaires? pourquoi ne pas aller aux lieux mêmes de production?

Comme on le voit, cette conception était très voisine de cette autre, qui allait bientôt et pendant deux siècles dominer la politique économique de presque tous les peuples : chaque nation doit se suffire à elle-même; c'est la base de tout le protectionnisme, depuis Colbert jusqu'à nos jours.

Partant de ce principe, chaque peuple maritime s'équipa, arma des bateaux, mit à leur tête de hardis capitaines, et tenta de découvrir ces pays d'au delà du cap de Bonne-Espérance (Indes, Cathay, Malaisie), ou par delà les îles du Cap-Vert (Antilles, Indes occidentales), dont Portugais, Hollandais et autres gardaient jalousement le précieux secret. Cette lutte, dont l'amiral Jurien de la Gravière nous a raconté quelques brillants épisodes dans ses *Marins du quinzième siècle*, amena ce résultat prévu que bientôt Anglais, Français, Espagnols disputèrent aux Hollandais et aux Portugais le trafic des denrées exotiques dont ceux-ci avaient eu jusqu'ici le monopole.

Et le commerce de ces denrées prit tout de suite un développement considérable.

Naturellement les nations qui s'y adonnaient

se jalousaient. Leur premier soin avait été de se cacher mutuellement les routes découvertes; quand cela devint impossible, elles cherchèrent à s'enlever réciproquement leurs navires. Tout navire portant un pavillon étranger était un ennemi : cette époque vit des combats homériques. Pour obvier autant que possible aux conséquences fâcheuses des embuscades et des attaques, on faisait partir les bateaux en convois, souvent même, on les faisait escorter par des navires de guerre. De là, entre armateurs, entre marchands, des associations qui, à la fin du xvi⁰ siècle, avaient une réelle importance.

C'étaient des associations de commerce; ce n'étaient pas encore des Compagnies de colonisation. Voici ce qui amena la transformation.

Les diverses nations européennes qui faisaient à l'envi le commerce des épices, aboutissaient fatalement à visiter les mêmes lieux. On ne trouvait pas, comme aujourd'hui, après des siècles de dissémination et d'acclimatation des plantes, toutes ces denrées exotiques : vanille, café, thé, poivre, etc., indifféremment sous toutes les longitudes. On les trouvait en tel endroit connu, parfois en tel autre endroit proche du

premier, mais non pas ailleurs, non pas partout.
Il en résultait que tous les navigateurs de toutes
les nations, en quête des mêmes produits, visi-
taient les mêmes contrées. Or, les denrées qu'ils
venaient chercher, la nature ne les produit pas
en quantités inépuisables. Les indigènes n'en
apportaient que des quantités limitées. Souvent,
le premier navire emportait tout le stock dispo-
nible; ceux qui venaient après lui ne trouvaient
plus rien à charger et n'avaient d'autre ressource,
pour n'avoir pas fait un voyage inutile, que de
courir sus au premier et de s'emparer de sa cargaison. Et cela se passait ainsi même entre
nationaux.

Les marchands imaginèrent alors de faire non
plus seulement du commerce, mais de la colonisation.

Pour cela, dans les territoires propices, parmi
les peuplades adonnées à ces sortes de cultures,
on instituerait d'abord des comptoirs, d'où les
marchands européens établis à demeure stimu-
leraient les cultivateurs indigènes; ensuite, si
cela ne suffisait pas, on prendrait la culture en
main, soit avec le seul concours des indigènes,
soit même avec l'aide d'Européens immigrés.

Du coup, à la conception primitive du commerce se joignait la conception de la colonisation.

Cette transformation allait avoir une influence
décisive sur la façon de faire les affaires. Maintenant il ne s'agissait plus seulement d'aller chercher ces denrées aux pays d'origine et de les
rapporter en Europe; il fallait désormais les
produire, les récolter, les préparer, les transporter, les vendre. Avec la durée moyenne des
récoltes et des voyages, on calculait que l'argent
parti d'Europe et engagé dans ce genre d'entreprises n'en pouvait pas revenir avant trois années
pleines. Trois longues années à attendre, sans
compter les risques.

Et ces risques étaient considérables. C'étaient
sur terre les incertitudes et les inclémences des
saisons, plus redoutables sous ces climats encore
mal connus, qui pouvaient rendre inutiles les
soins des cultivateurs; c'étaient l'humeur et les
exigences des populations et surtout de leurs
chefs, ces innombrables potentats des régions
océaniennes et asiatiques, avec lesquels il fallait sans cesse négocier pour ne pas combattre;
c'étaient enfin, sur mer, les hasards d'une navi-

gation toujours périlleuse pour des bâtiments dont beaucoup ne jaugeaient pas 300 tonneaux, et de combats incertains entre rivaux égaux en force, en courage et en acharnement.

Ces risques, sur lesquels personne ne fermait les yeux, amenèrent, nécessitèrent la création de Compagnies. Ces Compagnies, au début, étaient des Compagnies de nature mixte : leur but était le commerce; leurs moyens étaient la culture et la navigation. Culture, navigation, commerce, tout cela allait être conduit de front par les *Compagnies de colonisation*.

Ces Compagnies, nous y insistons, étaient une nécessité de l'époque. Pour mener à bien ces entreprises d'outre-mer, telles que les circonstances économiques et politiques les avaient faites, il fallait engager des capitaux considérables et les exposer à des risques énormes. Or, des capitaux considérables, quels particuliers, à cette époque, en possédaient? En Hollande, en Allemagne, en France, en Angleterre, on n'en eût pas trouvé cent. Pour s'en assurer, il suffit d'ouvrir l'histoire des grands financiers de ce temps : on les compte par unités.

Mettons qu'on en eût trouvé assez : imagine-t-on qu'à une époque où la richesse par excellence était la terre, où les biens immobiliers étaient — et cela se traduisait dans les lois et dans les coutumes — seuls considérés, où l'argent comptant se plaçait, par contrats de gage, de rente, ou de vente à réméré (remplaçant l'hypothèque, plus moderne), si sûrement sur des domaines princiers ou royaux, imagine-t-on que les possesseurs de grosses fortunes, heureusement acquises et conservées, allaient les exposer dans des entreprises à ce point aléatoires? C'eût été de la folie. Ces entreprises ne pouvaient tenter que des aventuriers ou tout au plus des esprits aventureux. Après eux, séduits par leurs promesses et rassurés par leurs talents, des capitalistes ou des grands seigneurs s'engageraient bien pour une certaine somme, fraction minime de leur fortune. C'était tout ce qu'on pouvait espérer. Et c'est, en effet, ce qui se produisit.

L'exemple vint de Hollande. La Compagnie hollandaise des Indes, fondée en 1605, avait été confirmée ou modifiée en 1621, 1622, 1623. Son capital — environ 8 millions de francs — avait été réparti en actions de 4000 livres. Ce n'était pas, comme nos obligations ou nos quarts, nos cinquièmes d'obligation, accessible à toutes les bourses ; ce l'était aux bourgeois, aux magistrats, à la petite et grande noblesse, surtout aux marchands et aux navigateurs.

L'exemple de cette Compagnie de Hollande eut sur les autres nations une influence considérable. Dans les premiers temps, ses dividendes étaient, année moyenne, de 30 ou de 40 pour 100 ; ils s'étaient même élevés (1606) à 75 pour 100. Cela se sut dans toute l'Europe. Cela tourna toutes les têtes ; en Angleterre, en France notamment, les marins, les marchands réclamèrent des Compagnies de colonisation.

Les premières Compagnies, toutefois, ne furent pas privilégiées. Elles n'avaient pas, aux termes de leur charte, le monopole du commerce dans les régions qui leur étaient assignées. Mais ces premières Compagnies, presque sans exception, sombrèrent. On attribua leur échec à l'absence de privilège. Aussi, dès le second tiers du XVIIe siècle, on ne rencontre pas une seule charte qui ne réserve à la Compagnie, outre une foule d'avantages que nous énumérerons, le monopole du commerce.

Les motifs invoqués pour le leur concéder se résument dans ces mots : utilité, nécessité, justice.

Utilité : les capitaux qu'on veut attirer ne viendront que bien difficilement, si on ne leur offre pas des avantages tout à fait exceptionnels;

Nécessité : si, dans la même région, plusieurs compagnies ou particuliers peuvent faire le commerce, leur concurrence — toujours acharnée, l'expérience, notamment des Hollandais, l'a démontré — ne profitera qu'aux indigènes ou à leurs rivaux et de toute certitude ruinera les actionnaires;

Justice : « N'étant pas juste, comme disent les notables de Tours, La Rochelle et Nantes, dans une Pétition à Louis XIV pour l'établissement d'une Compagnie des Indes, n'étant pas juste que les étrangers, ni mesme les autres François, jouissent de l'advantage que l'on prétent qui se peut rencontrer dans la suitte de ces voyages des Indes, après que les proposans *y auront estably la seureté aux risques de leurs personnes, leurs coust et despens.* »

A ces trois motifs, il en faut ajouter un dernier, d'un caractère plus général : la société de l'ancien régime reposait, dans ses lois, ses coutumes, son esprit, sur le privilège.

Résumons-nous en une série de propositions :

Le commerce des Indes est la source d'immenses profits ;

Ce commerce, au bout d'un certain temps, exige la coopération de la colonisation ;

Ces entreprises jointes ne peuvent se faire qu'avec des capitaux, des forces, une organisation considérables ;

Ni l'État toujours pauvre et toujours préoccupé des affaires continentales, ni les capitalistes, rares d'ailleurs et prudents, ne peuvent assumer isolément le risque d'entreprises fructueuses mais aléatoires ;

Les capitaux associés seuls le pourront ;

Ils ne le voudront que si on leur fait, au moyen de privilèges concédés, miroiter des perspectives rassurantes ;

Le privilège est dans l'esprit, il est de l'essence de la société de l'ancien régime.

Voilà pourquoi la colonisation a été conduite par des Compagnies et pourquoi ces Compagnies ont été privilégiées.

2.

Cela et à l'étranger et en France.

Reste à montrer l'importance, le but, les procédés de ces Compagnies en France.

§ 2. *Les compagnies de l'Ancien Régime.*

SOMMAIRE. — Variété des Compagnies de colonisation : Compagnies de commerce; Compagnies de commerce et de colonisation; colonisation par peuplement; colonisation par exploitation. — Les promoteurs : Henri IV, Richelieu, Fouquet, Colbert. — Liste des Compagnies de colonisation; valeur relative des chiffres : dédoublement des compagnies; fusion des compagnies.

Sous le nom générique de Compagnies de colonisation, on englobe, nous l'avons déjà dit, des entreprises de nature diverse : Compagnies de commerce et Compagnies de colonisation, ces dernières embrassant des colonies de peuplement et des colonies d'exploitation. Cela débute, en France, par des Compagnies purement de commerce; cela continue et par des Compagnies purement de colonisation, et par des Compagnies à la fois de commerce et de colonisation, le type de la colonisation étant surtout la colonisation par peuplement; enfin cela se termine par des Compagnies de commerce et de colonisation, le type de la colonisation étant surtout la colonisation dite d'exploitation. Tout cela est fort différent; tout cela n'en est pas moins appelé, par les publicistes du temps, Compagnies de colonisation.

Ces Compagnies apparaissent, dans notre histoire, avec les dernières années du xvi⁰ siècle et les premières du xvii⁰. Elles sont extrêmement nombreuses de 1599 à 1715, c'est-à-dire pendant plus d'un siècle, sous Henri IV et pendant la régence de Marie de Médicis, surtout sous Louis XIII et Louis XIV. A partir de 1715, on n'en compte plus guère. Il est vrai qu'en 1719 on en vit se fonder une qui est peut-être la plus célèbre de toutes, la grande Compagnie des Indes, qui, après des fortunes diverses, fut liquidée en 1770. A ce moment, condamnées, avec la Compagnie des Indes, par l'opinion publique, les Compagnies de colonisation sont à peu près complètement abandonnées par le gouvernement.

Les noms les plus éclatants de notre pays sont attachés à l'histoire de ces Compagnies. Et nous ne parlons pas ici de toute cette noblesse qui s'y intéressa comme bailleurs de fonds, chefs d'es-

cadre, gouverneurs, amiraux, surintendants de
la navigation, etc. Nous parlons ici des person-
nages illustres qui en furent les promoteurs ou
les protecteurs. C'est tout d'abord Henri IV, qui,
en dépit de l'opposition de Sully, autorise ou
encourage plusieurs sociétés, dont la plus célèbre
fut celle du Canada; c'est ensuite Richelieu, qui
donne à ces entreprises un développement considérable, sur lequel nous aurons à revenir;
c'est, après lui, Fouquet, dont le rôle, longtemps
méconnu, a été remis dans son véritable jour
par son historien M. Lair, par le regretté
M. Pigeonneau et son élève, M. Deschamps [1];
c'est, après Fouquet, Colbert et Louis XIV, dont
nous aurons plus tard à nous occuper à loisir,
sans prétendre, d'ailleurs, résoudre le problème
délicat, mais pour nous peu important, de
savoir si Louis XIV a été, dans cette catégorie
d'affaires, l'instrument ou l'inspirateur de Colbert; c'est enfin, après Colbert, le Régent et le
fameux Écossais Law, puis toute la série des

---

1. Voir *Foucquet*, par Lair, 2 vol. in-8, Plon, 1890; Pigeonneau, *Histoire du commerce*, inachevée malheureusement;
Deschamps, *Histoire de la question coloniale en France*, 1 vol.,
1891, Plon.

ministres qui ont fondé et soutenu des deniers mêmes de l'État la grande Compagnie des Indes.

Nous ne croyons pas inutile de dresser la liste, à peu près, mais seulement à peu près, exacte et complète des Compagnies de colonisation fondées de 1599 à 1789, date de la dernière Compagnie de l'Ancien Régime.

1599 — Compagnie du Canada et de l'Acadie.
1600 — Compagnie de Sumatra, Java et des Moluques.
1600 — Compagnie du Corail (arrêt du Conseil du 8 février), Pays Barbaresques.
1600 — Compagnie de Saint-Malo, Laval et Vitré, dite des mers orientales (1re Compagnie des Indes orientales; mais elle ne portait pas ce titre).
1602 — Compagnie du Canada ou de la Nouvelle-France (fondée par des marchands de Dieppe, Rouen, La Rochelle).
1604 — Compagnie de la Guyane.
1604 — Compagnie Gerard Deroy, 2e Compagnie des Indes orientales (arrêt du Conseil, 1er juin 1604).
1613 — Compagnie du Canada (2e), fondée par Champlain.
1615 — Compagnie des Moluques ou La Flotte de Montmorency (négociants de Rouen).
1615 — Compagnie Beaulieu et Le Lièvre.
1616 — Compagnie de Paris et de Rouen, 3e Compagnie des Indes orientales.
1620 — Compagnie du Canada (3e), dite Compagnie de Montmorency.

1625. — La Nacelle de Saint-Pierre fleurdelysée, sans territoire précis assigné.

1626 — Compagnie du Morbihan (même observation), fondée par cent associés, comme celle du Canada, de 1627.

1626 — Compagnie normande (Côte occidentale d'Afrique), Dieppe, Rouen, Fermanel.

1626 — Compagnie de Saint-Christophe, la Barbade, etc., appelée encore Compagnie des Isles de l'Amérique.

1627 — Compagnie des Cent Associés, ou du Canada, dite de la *Nouvelle France* (4e).

1627 — La Compagnie dite « La Nacelle de Saint-Pierre » aurait peut-être succédé à celle du Morbihan ; donc au lieu de 1625, c'est en 1627 qu'il faudrait placer sa fondation.

1633 — Compagnie du sieur de Caen, appelée encore Compagnie de Rouen, îles au nord de Saint-Dominique, Cayenne, etc.

1633 — Compagnie Dumé d'Applemont (4e des Indes orientales).

1633 — Compagnie du cap Nord (du cap Nord à la rivière d'Approuage), 1re de ce nom.

1633 — Compagnie du cap Vert (Sénégal, cap Vert, Guinée).

1634 — Compagnie de Guinée (de Sierra Leone au cap Lopez).

1634 — Compagnie du cap Blanc (du cap Lopez au cap Blanc).

1635 — Nouvelle Compagnie des Isles d'Amérique ou Compagnie de Saint-Christophe.

1638 — Compagnie du cap Nord (2e).

1642 — Compagnie de l'Isle Saint-Christophe (Nouvelle) dite Compagnie des Isles d'Amérique.

1642 — Compagnie .Ricault ou Rigault ou de Madagascar et de la mer des Indes, dite de la *France
orientale* (5e).

1643 — Compagnie du cap Nord, pays entre l'Orénoque
et l'Amazone (3e).

1644 — Compagnie du Nord (Hollande, Zélande, Allemagne, Suède, Norvège, Moscovie) (1re), au
profit du sieur Claude Rousseau et autres intéressés.

1648 — Compagnie de Saint-Jean de Luz (jointe à la
Compagnie du Nord).

1651 — Compagnie de Paris (Guyane), dite de la
France équinoxiale, île de Cayenne.

1653 — Compagnie parisienne du cap Nord, dite de la
France septentrionale (Grands Lacs et Saint-Sacre-
ment).

1660 — Compagnie de la Chine (1re), Tonkin, Cochin-
chine.

1662 — Compagnie d'Ogeron (Lucayes, Caïques).

1663 — Compagnie de la *France équinoxiale* (2e).

1664 (mai) Compagnie des Indes occidentales (Antilles,
Guyane).

1664 (août) Compagnie des Indes orientales (Madagascar et Indes), 6e.

1666 — Compagnie d'Afrique au profit du sieur Arnaud
et autres (2e).

1666 — Compagnie du cap Nègre.

1669 — Compagnie du Nord (2e), Hollande, Zélande, etc.

1670 — Compagnie du Levant.

1671 — Compagnie du Nord (3e) avec privilège de
commercer en outre avec les îles de l'Amérique
et la Nouvelle France. (Négociants de Bordeaux.)

1673 — Compagnie du Sénégal (1re de ce nom).

1679 — Compagnie du Sénégal et de la Guinée (2e).

1683 — Compagnie de l'Acadie.

1684 — Compagnie de Guinée.

1685 — Compagnie du Sénégal (3e) (arrêt du 6 janvier).

1684 — Compagnie du Mississipi.

1685 — Compagnie de la Guinée (traite).

1686 — Compagnie du cap Nègre.

1693 — Compagnie Héli (Pays Barbaresques, 3e).

1696 — Compagnie du Sénégal et du cap Vert.

1698 — Compagnie de Chine (2e) ou Compagnie Jourdan.

1698 — Compagnie de la mer du Sud ou de la mer Pacifique.

1698 — Compagnie de Saint-Dominique.

1701 — Compagnie de l'Assiento (jointe à la Guinée).

1701 — Compagnie de Guinée, Crozat, Magon, etc.

1706 — Compagnie d'Afrique (Pays Barbaresques), cap Nègre (4e) (Bastion).

1706 — Compagnie des Castors ou du Canada (Aubert).

1710 — Compagnie de l'Hudson.

1712 — Compagnie des côtes d'Afrique (5e).

1712 — Compagnie de la Louisiane (Crozat).

1712 — Compagnie de Chine (3e) ; ne devait commencer à fonctionner que le 1er mars 1715.

1717 — Compagnie du Mississipi, ou de la Louisiane, ou d'Occident.

1719 — Compagnie perpétuelle des Indes (7e des Indes Orientales).

1719 — Compagnie de l'île de Saint-Jean à Terre-Neuve.

1725 — Nouvelle compagnie des Indes.

1730 — Compagnie d'Auriol (côtes de Barbarie, 6e).

1731 — Transformation de la Compagnie des Indes.

1741 — Compagnie Royale d'Afrique.

1771 — Compagnie de la Guyane (traite).

1777 — Compagnie de Cayenne ou de la Guyane française.
1784 — Compagnie de la rivière du Sénégal et dépen-
dances.
1789 — Nouvelle Compagnie des Indes.

C'est là une liste fort longue, et pourtant, je le
répète, encore incomplète[1]. Il ne faut pas, toutefois, que, par sa longueur, elle nous fasse
illusion.

Tout d'abord, la simple énumération qui
précède montre à première vue que certaines
Compagnies qui font l'objet de deux ou trois
numéros sont les succédanés les unes des autres.
Il y a eu, par exemple, 7 Compagnies des Indes
orientales, 3 Compagnies de Chine, 3 du cap
Nord, etc. Ce sont autant d'entreprises distinctes,
et, par cela qu'elles sont distinctes, elles attestent la confiance persistante de l'opinion dans ce
genre d'affaires; mais elles portent toutes sur le
même territoire ou peu s'en faut, et ce sont seu-

1. Il serait malaisé de dresser une liste complète et exacte.
Il faudrait pour cela avoir les chartes de toutes les Compagnies formées. Or, ces chartes n'ont jamais été publiées en
corps. Il en résulte que, faute de documents de première main,
les publicistes se copient, sauf que les dates, le nom, l'objet
de chaque compagnie varient un peu de l'un à l'autre.

lement leurs insuccès successifs qui causent leur multiplicité.

Notons encore cet autre aspect de la question. Beaucoup de Compagnies sont le dédoublement ou, au contraire, l'agrégation, la fusion, de Compagnies différentes. En 1633 et en 1634, nous voyons se former une Compagnie du cap Vert, une Compagnie de Guinée et une Compagnie du cap Blanc : les deux dernières sont des démembrements de la première. La Compagnie de 1633, du cap Vert, s'étendait au Sénégal, au cap Vert et à la Guinée. Son domaine — et c'est là une observation que nous aurons souvent à faire — était trop vaste pour elle; elle en cède, on pourrait dire elle en recède, une partie aux deux autres : à la Compagnie de Guinée, le territoire qui va de Sierra Leone au cap Lopez, à la Compagnie du cap Blanc, celui qui va du cap Lopez au cap Blanc. Même observation pour les Compagnies fondées en 1673, 1679, 1684. La première (1673) s'appelle Compagnie du Sénégal; quelques années plus tard (1679), se croyant de taille à suffire à une tâche plus lourde, elle joint à son territoire premier la Guinée; puis elle trouve, à l'expérience, cette tâche vraiment trop lourde et, de Compagnie du Sénégal et de Guinée, elle redevient en 1684 simplement Compagnie du Sénégal.

En sens inverse, certaines Compagnies se forment en englobant plusieurs sociétés préexistantes. La Compagnie des Indes occidentales de 1664 s'élève sur les ruines de la Compagnie de la France équinoxiale (1663), formée elle-même de plusieurs Compagnies antérieures. La Compagnie des Indes orientales de 1664 se forme des débris de la Compagnie de la France orientale de 1642, et de la première Compagnie de Chine (1660). Mais bientôt elle trouve son domaine trop vaste : elle abandonne (1666) son privilège sur Madagascar, et cède une partie de ses droits à la deuxième Compagnie de Chine (1697). De même, la grande Compagnie des Indes de 1719 se forme en absorbant la Compagnie des côtes d'Afrique (1712), la Compagnie de Saint-Dominique (1698), et la Compagnie de la Louisiane (1712 et 1717). Puis, au bout de quelques années, elle renonce à Saint-Dominique (1724), aux côtes de Barbarie (1730), à la Louisiane (1731), et se cantonne sur le seul territoire des Indes orientales.

Ainsi la multiplicité des Compagnies n'im-

plique pas nécessairement la multiplicité des
points sur lesquels elles opèrent. Le territoire
colonisé ne s'étend pas nécessairement avec le
nombre des Compagnies : toutes se succèdent
presque sur les mêmes points, héritant, à prix
d'argent, des établissements de celles qui les ont
précédées. Toutes se cantonnent — si cantonner
peut être un terme exact quand il s'agit d'aussi
immenses étendues — sur les mêmes points. Ce
sont : en Amérique, le Canada, la côte est des
États-Unis, les Antilles et les îles voisines, la
Guyane; en Afrique, la côte occidentale, un point
des côtes de la Barbarie et enfin Madagascar;
en Asie, les Indes, la Chine et l'Indo-Chine;
en Océanie, d'ailleurs fort rarement visitée par
nos navigateurs et par nos colons, Java et les
Moluques.

Tel est le territoire où nous avons tenté de
créer de nouvelles France. Nos efforts n'ont pas
partout réussi, et il est bien certain que notre
empire colonial d'aujourd'hui ne doit que fort
peu de chose à l'Ancien Régime; mais l'Ancien
Régime n'en peut pas être tenu pour totalement
responsable. Il avait transmis au premier Empire,
malgré les désastres des traités de 1711 et de

1763, un ensemble de colonies encore admirable : l'Empire n'a pas pu les conserver. La responsabilité de l'Ancien Régime est ailleurs. Elle consiste en ceci, qu'ayant fondé des colonies, il n'a pas su dans la métropole intéresser assez de gens à la conservation de ces colonies, et dans ces colonies attacher assez de gens au maintien du lien avec la métropole.

C'est ce qui apparaîtra plus tard au cours de ces études.

§ 3. *Le but, les moyens, les chartes.*

SOMMAIRE. — But religieux et but politique. — But religieux : propager la foi catholique; but politique : étendre la puissance de la France et enrichir ses sujets. — Moyens : compagnies de commerce et de colonisation; peuplement plus accentué sous Richelieu; commerce plus accentué sous Colbert. — Chartes : action plus ou moins profonde de la Couronne; évolution des chartes dans le sens de l'intervention grandissante du roi; exemple des chartes concédées aux îles d'Amérique.

Les Compagnies privilégiées de colonisation de l'Ancien Régime, à quelque époque qu'on les considère, se proposent un double but : un but religieux et un but politique. Le but religieux est de propager dans de nouvelles contrées la foi

3.

catholique; le but politique est, par la colonisation, d'étendre le domaine et la puissance de la France et d'enrichir ses sujets.

La religion, au premier abord, semble n'être qu'un moyen. Dans les lettres de provision accordées au duc d'Ampville pour lui conférer la charge de vice-roi et lieutenant général (1655 juillet), Louis XIV, encore en tutelle, constate que les premiers navigateurs et colons, assistés par son père et son aïeul, avaient recherché « des terres propres et commodes pour faire des habitations capables d'établir des colonies, afin d'essayer, avec l'assistance de Dieu, d'amener les peuples qui en habitent les terres à sa connaissance et les faire policer et instruire à la foi catholique, apostolique et romaine, et, *par ce moyen*, y établir notre autorité et introduire quelque commerce qui puisse apporter de l'utilité à nos sujets ». Cela semble décisif et évident : la religion n'est ici qu'un instrument.

Mais cette première opinion ne tient pas devant l'examen des faits. Toute la première période de la colonisation française accorde, à l'imitation de la colonisation espagnole, une large part de ses efforts à la propagation de la foi. Les membres de la noblesse et du tiers qui s'associent à ces entreprises consacrent des sommes considérables à l'établissement des ordres religieux dans les nouvelles possessions; les chartes des compagnies mentionnent l'obligation d'entretenir des prêtres et des religieux en nombre déterminé; les ordonnances du roi renferment de nombreuses dispositions contre les ennemis de la vraie foi et en faveur des religieux des divers ordres; enfin, les dénombrements des colonies ou d'autres documents, tels que ceux qui furent publiés après l'expulsion des jésuites en 1762, attestent l'importance de la richesse immobilière du clergé, partant l'importance de ce clergé, au moins du clergé régulier.

Et, en somme, la religion catholique, quelque médiocres[1] qu'aient pu être certaines de ses recrues dans les colonies, a pu, en somme, s'y implanter définitivement, si bien que la moitié

1. Il n'est pas nécessaire d'insister sur ce point. Nous citerons toutefois, entre cent documents probants, les suivants : *Lettre* du ministre, 30 septembre 1721, aux administrateurs *sur quelques points de religion*; *Arrêt sur ceux qui négligent de faire baptiser leurs enfants*, 4 novembre 1742, 11 octobre 1743; *Lettre* du 8 février 1761 *sur certains abus en matière de religion de la part des gens de couleur*, et surtout *Mandement* du vice-préfet des Dominicains, *qui supprime la messe de minuit*, 15-20 novembre 1751.

du continent américain et presque toutes les îles
sont étroitement et probablement à jamais attachées à cette religion que la colonisation s'était
proposé d'y établir.

Voilà pour le but religieux.

Le but politique, le seul qui doive nous
occuper ici, est, comme nous le disions plus
haut, d'augmenter le domaine et la richesse de
la France. Pour cela, nos rois recourent volontiers et, pendant un certain temps, à peu près
exclusivement, aux compagnies dites de colonisation; mais ces compagnies se présentent à
nous sous des aspects qui varient avec le
temps.

Les premières compagnies sont surtout des
compagnies de découverte, d'occupation et de
commerce, mais déjà il s'y joint quelques tentatives de colonisation : telles sont les compagnies
du règne de Henri IV et de la régence de Marie
de Médicis. Celles qui viennent ensuite sont surtout des compagnies de colonisation, et de colonisation par peuplement : sur des territoires à
peu près dénués d'habitants ou qui, du moins,
renferment d'immenses espaces libres, on se
propose de transplanter un nombre suffisant de

Français qui, par mariage soit avec des Françaises, soit avec des femmes indigènes converties et naturalisées, croîtront et multiplieront et fonderont de nouvelles France. C'est le caractère principal des compagnies que fonde Richelieu, et ce caractère apparaît nettement dans les chartes de ces compagnies et se révèle aussi par leurs titres : les compagnies du Canada ou de la *Nouvelle France,* de la mer des Indes ou de la *France orientale,* du Cap Nord ou de la *France septentrionale,* de la Guyane ou de la *France équinoxiale,* etc.

Toutefois, à côté de ce caractère principal : compagnies de colonisation par peuplement, se maintient encore le caractère de compagnies de commerce. Ce caractère apparaît dans les lettres patentes qui ont créé Richelieu grand maître, chef et surintendant général de la navigation et du commerce et dans le texte même de ces lettres patentes, qui autorisent Richelieu à se préoccuper de la fondation d'une compagnie puissante et bien réglée, pour entretenir un commerce par terre et par mer et l'engagent à examiner toute proposition faite sur le sujet de l'établissement du commerce. Et, au surplus, tout ce que nous savons, tous les documents de nos archives nous montrent Richelieu et ceux qui le conseillent préoccupés du commerce presque autant que du peuplement même des colonies.

Ce caractère d'entreprises commerciales s'accentue sous Louis XIV. Sans doute, Louis XIV et ses ministres n'abandonnent pas — loin de là — la colonisation par peuplement, mais ils attachent au commerce plus d'importance encore que ne faisait Richelieu. Cette importance apparaît, un moment, prédominante : cela, à la fin du règne de Louis XIV et surtout sous la Régence, quand se fonda la compagnie des Indes. A ce moment, le commerce est la principale préoccupation, et le titre « compagnies de colonisation » semble tout à fait décevant. Puis cette compagnie des Indes, la plus considérable et presque la seule dont il vaille s'occuper pendant le XVIIIᵉ siècle à partir de 1725, agrandit ses bases d'opérations, élargit ses ambitions et devient tout à la fois compagnie de commerce et compagnie de colonisation, colonise soit par peuplement, soit par exploitation, fonde des comptoirs, occupe des territoires, fait de la politique, traite et combat avec les princes indigènes, etc., jusqu'au jour où, épuisée et surchargée de dettes, elle est obligée de liquider.

Envisagées de ce point de vue, les compagnies de colonisation, en dépit de l'uniformité de leur titre, ont donc subi, dans leur essence même, au cours d'un siècle et demi, des modifications profondes.

On en peut encore constater d'autres, non moins saisissantes, dans leurs rapports avec la Couronne.

La Couronne, au début, se tient un peu à l'écart et sur la réserve. Elle considère assurément ces entreprises comme très dignes d'encouragement; mais elle se contente de les encourager, on peut le dire, par de bonnes paroles. Ses concessions consistent en ceci : elle concède aux compagnies des territoires que ces compagnies ont découverts ou conquis elles-mêmes et détiennent déjà. Les colonies ne la passionnent pas encore : l'Europe continentale lui semble seule mériter attention et sacrifices. Puis, le point de vue change : les colonies paraissent probablement plus précieuses; les compagnies qui les découvrent ou les conquièrent et les fondent pour la France, deviennent des auxiliaires que, d'abord, on encourage autrement que par des paroles flatteuses, que bientôt on aide, qu'on soutient de ses forces et de ses deniers. Enfin, une dernière évolution s'accomplit : les colonies ont un tel attrait et la possession en est si désirable que, là où les compagnies ont échoué, on se substitue à elles et qu'on pratique l'administration directe.

Cette transformation, moins lente qu'on ne pourrait croire, apparaît très nettement, par exemple, dans les chartes successives qui se rapportent aux îles d'Amérique. Nous possédons, à propos de ces îles, six chartes ou lettres patentes de 1626, 1635, 1642, 1662, 1664, 1674 et d'autres encore, d'ailleurs, mais dont l'examen est inutile pour le but que nous nous proposons. Nous allons les analyser sommairement.

La Charte de 1626 a ceci de particulier : elle est une commission donnée aux sieurs d'Enambuc et Rossey d'aller établir une colonie dans les Antilles de l'Amérique. Les sieurs d'Enambuc et Rossey apportent ensuite leur commission à « l'Association des seigneurs des Isles de l'Amérique », et une compagnie se fonde. Or, dans

la commission émanée de Richelieu, il n'y a
— premier point caractéristique — aucune concession de territoire faite par la Couronne à la
compagnie. Le cardinal constate que les sieurs
d'Enambuc et Rossey ont découvert et occupé
les îles de Saint-Christophe et de la Barbade et
autres, non dénommées, qui s'étendent du 11ᵉ
au 18ᵉ degré depuis la ligne équatoriale; que,
dans ces îles, ils ont construit deux forts et
laissé quatre-vingts hommes et un chapelain, et
que maintenant ils viennent demander au roi ce
qu'il convient de faire : revenir en France en
ramenant les hommes et abandonnant les îles
ou s'y fortifier et s'agrandir. Et Richelieu —
c'est là qu'il intervient — dit à ces pionniers :
restez. Il n'a rien à leur concéder comme territoire puisqu'ils occupent ce qu'on leur concéde-
rait ; il les invite seulement, il les autorise
plutôt à le tenir sous l'autorité et la puissance
du roi. Mais, puisqu'ils ont fait des dépenses,
puisqu'ils en feront encore, il leur garantit ceci :
pendant vingt années, aucun autre Français
qu'eux n'ira peupler ces îles, en convertir les
habitants, en cultiver les terres, en exploiter les
mines. En échange de cette promesse, le roi se

réserve le dixième de tout ce qui en proviendra
(on ne voit pas si *en* se rapporte seulement aux
mines ou aussi aux terres). Tout ceci est très
explicite. Le privilège de transporter seuls en
France et de vendre seuls en France les produits
du pays, pendant cette même période de vingt
ans, n'est pas aussi nettement concédé. Il y a
certaines omissions et certaines ambiguïtés de
langage, certaines différences de texte entre la
commission délivrée par Richelieu et l'acte
d'association des seigneurs — tous deux du
31 octobre 1626, — qui ne permettent pas de
conclure nettement à la concession du privilège
exclusif du transport et du commerce des fruits
de ces îles. Toutefois le privilège est probable,
et une déclaration du roi du 25 novembre 1634
l'atteste très explicitement.

Au surplus, et malgré le privilège du commerce, cette charte de 1626 ne confère que des
avantages peu considérables.

Le temps passe. Cette première compagnie n'a
pas réussi. Notons en passant cette raison que
donne le roi de son échec. Elle est tombée,
dit-il, « au moyen de ce qu'aucun des associés
ne s'est donné la peine d'y penser, joint que

les concessions accordées à la dite compagnie n'étaient suffisantes pour les obliger à s'y appliquer sérieusement ». Mais, s'il plaisait à Sa Majesté « leur accorder de nouvelles et plus grandes concessions et privilèges, ils pourraient rétablir la Compagnie... » Le roi y consent; de là, nouvelle charte accordée à une nouvelle compagnie ou plutôt contrat de rétablissement de l'ancienne (12 février 1635).

Lors de la formation de la Compagnie de 1626, il n'y avait point, à vrai dire, de concessions, les associés étant, au fond, propriétaires des territoires de la Compagnie. Mais, soit que l'échec de la Compagnie ait entraîné une sorte de déchéance, soit, comme semblerait l'indiquer une déclaration du 25 novembre 1634, que la Couronne ait, après coup, considéré comme siens des territoires que la Compagnie tenait jusqu'alors sous l'autorité et la puissance du roi, toujours est-il que, dans le contrat de rétablissement du 12 février 1635, le roi, cette fois, concède formellement à perpétuité aux associés et à leurs héritiers la propriété de ces îles, sauf foi, ressort et hommage au roi, et le droit pour le roi d'y nommer les magistrats supérieurs et le gouverneur. Ce n'est pas tout : au lieu seulement des îles que la Compagnie possède, le roi leur concède toutes celles, sous certaines réserves, qui sont situées entre le 10ᵉ et le 30ᵉ degré, depuis la ligne équinoxiale.

Aux concessions territoriales, il en ajoute d'autres, bien propres à encourager la Compagnie. C'est tout d'abord — et cette fois très explicitement — le monopole du commerce pendant vingt années, à l'exclusion de tous autres, étrangers ou Français, sauf, parmi ces derniers, ceux à qui la Compagnie donnerait son agrément. C'est ensuite toute une série de mesures qui tendent à procurer à la Compagnie des colons de choix : l'article 2 déclare que les colons établis dans ces îles conserveront ou même acquerront tous les avantages de naturels Français, avantages à cette époque considérables; l'article 12 déclare que les nobles pourront s'établir aux îles, y faire des plantations et du négoce, sans courir risque de déchéance; l'article 13 enfin déclare que les artisans qui auront exercé leur métier durant six années dans ces îles pourront être réputés maîtres et exercer plus tard dans toutes les villes du royaume Ce n'est pas tout : si la guerre sur-

venait, les privilèges de la Compagnie pourraient être prorogés au delà de vingt ans.

En échange de tous ces avantages, la Compagnie s'engage à implanter la foi dans les îles,
à y transporter en vingt ans 4000 Français et
catholiques romains, ou à faire en sorte que pareil
ou plus grand nombre y passe dans le même
temps, et, dernier point, à fonder des colonies
aux lieux les plus commodes pour l'assurance du
commerce. Si la Compagnie ne remplit pas ses
obligations, Sa Majesté pourra lui retirer son
monopole et ouvrir le commerce librement à tout
le monde, et, de plus, disposer de toutes les terres
qui ne seraient pas alors occupées par la Compagnie ou par ses ayants droit.

Telle est cette deuxième Charte d'une même
compagnie sur un même territoire. Si on la rap-
proche de 1626, on constate que la Couronne y
accorde à la Compagnie de bien plus grands
avantages, en lui imposant en même temps des
obligations plus précises, et qu'au surplus elle
prétend, dans le présent et dans l'avenir, à un
véritable droit de propriété sur toutes les por-
tions non occupées et au domaine éminent sur
le reste.

4.

Au bout de quelques années, la Compagnie a probablement réussi. Le roi constate (1642) qu'elle a peuplé, non seulement Saint-Christophe, mais encore plusieurs autres îles; qu'au lieu de 4000 colons, elle en a transporté et établi 7000, dont de nombreux religieux; qu'elle a construit des forts, etc. Aussi pour reconnaître ses peines et « les services agréables » qu'elle a rendus, et en même temps pour encourager ceux qui seraient tentés de l'imiter, le roi non seulement la confirme dans toutes les concessions et privilèges antérieurs, mais il en ajoute de nouveaux. Si la Compagnie veut entreprendre contre des îles occupées par l'ennemi, le roi s'engage à « l'assister de vaisseaux et de soldats, armes et munitions selon les concurrences et l'état de ses affaires »; il déclare que toutes les marchandises venant des îles seront exemptées de tous droits à leur entrée en France, et qu'au surplus elles pourront entrer dans n'importe quel port à leur convenance et non plus seulement dans le port du Havre; il évoque à son Conseil toutes les affaires relatives à la Compagnie; enfin, il donne à la Compagnie quatre brevets de noblesse en blanc pour en disposer à son gré, évidemment au profit de ses associés ou de ses colons les plus considérables. Et, en échange de ces nouvelles faveurs, il ne lui impose aucune obligation nouvelle.

Cette fois, on le voit, la Couronne fait un pas décisif. Elle prodigue les faveurs à la Compagnie ; elle lui facilite ses entreprises ; elle met à sa disposition ses troupes et ses vaisseaux, et elle concède éventuellement non plus des territoires déjà occupés ou seulement inoccupés, mais même des territoires ennemis qu'elle l'aidera à conquérir.

Malgré tant de faveurs, la Compagnie des Isles d'Amérique — est-ce parce qu'elle ne réussit pas ? — en vint, après cette déclaration de 1642, à se défaire de la plupart de ses possessions, ce qui était un moyen d'éviter l'action de la Couronne sur les terres inoccupées par la Compagnie ou ses ayants droit. C'est ainsi qu'elle vendit (1649) la Guadeloupe, Marie-Galande et les Saints à un sieur Boisseret, moyennant 73 000 francs ; la Martinique, Sainte-Lucie, Grenade et les Grenadins à un sieur Duparquet, moyennant 60 000 francs ; et un peu plus tard Saint-Christophe, Saint-Martin, Saint-Barthélemi, Sainte-Croix et la Tortue à l'ordre de Malte, moyennant 40 000 écus. A la suite de ces ventes, la Couronne ne parut pas autrement s'émouvoir; mais quelques années plus tard, un arrêt du Conseil d'État du 17 avril 1664, enjoignit à la Compagnie et à ses ayants droit de rapporter tous leurs titres de concession ou de propriété, pour être équitablement remboursés ou indemnisés. Le roi venait de prendre une grande décision.

Les Compagnies de 1626, 1635, 1642, ou plutôt la Compagnie fondée en 1626, rétablie en 1635, confirmée et élargie en 1642, était, malgré tous ses privilèges, une petite et faible Compagnie. Elle avait été fondée au capital de 45 000 livres (somme évidemment insuffisante et peut-être inférieure à la réalité, mais qu'on limitait probablement à ce chiffre dans l'acte de la Société pour n'être pas tenu au delà) et, au dire de Raynal, elle n'avait jamais eu un capital de plus de 135 000 livres. C'était véritablement trop peu. Avec si peu, on ne pouvait pas faire, et, à dire vrai, on n'avait peut-être pas intérêt à faire beaucoup. C'est ce que dit, en termes peu voilés, l'arrêt du 17 avril 1664. « Au lieu de s'ap-

pliquer à les peupler d'habitants pour les cultiver
(on oublie là évidemment, peut-être des consta-
tations récentes font-elles oublier la louangeuse
déclaration de 1642 citée plus haut) et à y établir
un commerce considérable, ainsi qu'ont fait les
étrangers, ils (les intéressés) se sont contentés de
les vendre à des particuliers, lesquels, n'ayant
pas assez de force pour y établir de puissantes
colonies et équiper un nombre suffisant de vaisseaux pour y faire porter de France les choses
dont les habitants d'icelles ont besoin, et rapporter
en échange les marchandises qu'ils en tirent, ont
donné lieu aux étrangers de s'emparer du commerce dudit pays, à l'exclusion des sujets de
Sa Majesté, ce qui ne serait pas arrivé si ladite
Compagnie avait gardé lesdites îles et travaillé
à l'établissement dudit commerce, comme c'était
l'intention de Sa Majesté. » Et là dessus on invite
la Compagnie et ses acheteurs à rapporter leurs
titres devant le roi.

Pourquoi? Pourquoi des louanges et tant de
grâces si éclatantes en 1642 et un si vif mécon-
tentement et tant de sévérité en 1664? C'est, sans
doute, à cause de cette vente; c'est aussi que,
de 1642 à 1664, le point de vue s'était modifié.

En 1642, on était sous Richelieu, au temps des colonies de peuplement, dans la période des Nouvelles France : la Compagnie avait transporté au lieu de 4000, 7000 colons; on ne lui demandait que de continuer. Mais, en 1664, tout est changé. Transporter des colons, c'est bien; transporter des marchandises, c'est mieux. Louis XIV et Colbert sont à l'école des Hollandais, qu'ils jalousent. Ils veulent que les colonies rapportent, enrichissent le royaume et, avec lui, le roi. Or, le commerce avec ces pays lointains, c'est, ainsi que je l'expliquais dans une précédente section, une grosse affaire, une affaire de longue haleine. Ces petites Compagnies y sont impropres. « Une grande Compagnie, composée d'un grand nombre d'intéressés puissants, travaillant au bien commun et à l'établissement général de toutes les îles, peut bien plus avantageusement faire ledit commerce que des particuliers, lesquels ne s'appliquent qu'à faire valoir celles qui leur appartiennent. » C'est ce que Sa Majesté a reconnu; aussi a-t-elle formé, à trois mois de distance, deux grandes Compagnies qui englobent presque toutes les autres; du côté de l'Orient, la Compagnie des Indes orientales, du côté de l'Occident, la Compagnie des Indes occidentales (mai-juillet 1664).

Maintenant comparez cette Charte de 1664 à la charte de 1642.

Étendue. — Il ne s'agit plus de l'île de Saint-Christophe ou des îles voisines, ni même des îles contenues entre le 10ᵉ et le 18ᵉ ou même le 30ᵉ degré de latitude depuis l'équateur : la Compagnie reçoit à titre de concession : la Guyane, toute la terre ferme de l'Amérique depuis la rivière des Amazones jusqu'à celle de l'Orénoc, le Canada, l'île de Terre-Neuve et autres îles et terres fermes depuis le nord dudit pays Canada jusqu'à la Virginie et Floride ; en outre, toute la côte de l'Afrique depuis le cap Vert jusqu'au cap de Bonne-Espérance.

Propriété. — Sur cette étendue immense, elle sera propriétaire de toutes les terres qu'elle pourra conquérir et habiter pendant les *quarante* années qui suivront.

Privilège. — Elle a le monopole de tout le commerce pendant également quarante ans.

Primes. — Pour chaque vaisseau qui fera son équipement et cargaison dans les ports de France, ira décharger et recharger dans lesdites

îles et terres fermes où les colonies françaises
seront établies et fera son retour aux ports de
France, elle reçoit 30 livres pour chaque tonneau
de marchandises exportées, et 40 livres pour
chaque tonneau de marchandises importées.

Subventions. — Le roi fournit sans intérêt le
dixième de toutes les sommes que la Compagnie
dépensera pendant les quatre premières années.

Guerre. — Enfin le roi l'assistera de ses armes
et de ses vaisseaux.

Joignez à cela des encouragements et des
faveurs de toutes sortes, et même — j'en parlerai
plus tard avec quelques détails — une grande
pression officielle, pour amener à la Compagnie
des souscriptions de toutes les classes de la nation.
Mais nous ne pouvons insister plus longtemps :
il faudrait lire toute la charte.

Depuis 1626, la Couronne, on le voit, a fait
des pas de géant. Pour les colonies elle engage
ses finances et ses armées. Elle leur porte un
intérêt passionné. Elle voit dans les colonies un
instrument de la fortune nationale, qu'on ne
saurait se dispenser de maintenir en bon état et
d'avoir toujours en main. Elle pense que seule
une puissante Compagnie, composée d'un grand

nombre de personnes, est capable de ce rôle. Si une telle Compagnie venait à se montrer inférieure à sa tâche, cette tâche ne devrait pas être abandonnée, mais, évidemment, reviendrait au roi.

Et cette éventualité fâcheuse se réalisant, le roi prend effectivement en main la direction des colonies. C'est ce qui advient en décembre 1674. Rien de plus habile et de plus curieux que l'*Edit portant révocation de la Compagnie des Indes occidentales et union au domaine de la Couronne des terres, isles, etc., de ladite Compagnie avec permission à tous les sujets de Sa Majesté d'y trafiquer*, etc.

Ce préambule constate que 45 000 personnes habitent ces îles.

1. Elles ont à leur tête :
    Deux lieutenants généraux;
    Huit gouverneurs particuliers;
    Quatre conseils souverains.

2. Le commerce y occupe près de cent navires de 50 à 300 tonneaux.

3. Mais la Compagnie a eu à supporter de grandes dépenses, notamment celles de la guerre contre les Anglais.

En conséquence, elle « est en avance » de 3 523 000 livres.

4. Elle pourrait s'en dédommager par l'augmentation de ses revenus, et l'élévation des droits et des impôts.

Mais ces droits et revenus conviennent mieux à la première puissance de l'État qu'à une Compagnie.

5. Au surplus, la Compagnie doit faire valoir promptement ses capitaux.

Les particuliers associés peuvent se lasser ou craindre de s'engager dans de nouvelles dépenses.

6. En conséquence, le roi prend tout à sa charge, paie les dettes et rembourse aux actions la somme de 1 297 185 livres, à savoir : payés des deniers de la Compagnie 1 047 185 ; payés par le Trésor 250 000 ; en outre, il est fait deux répartitions de 4 pour 100.

7. Par contre, le roi prend tout l'actif : revenus et droits ; il incorpore tout à son domaine ; toutefois les droits et revenus sont abandonnés pendant six ans pour payer le passif.

Le roi reconnaît tout ce qui a été fait par la Compagnie.

8. Il conserve, d'ailleurs, comme directeurs trois des anciens directeurs de la Compagnie.

Après cet édit, nous avons, pour une même région, épuisé, avec les actes de 1626, 1635, 1642, 1664, toutes les formes, toutes les variétés de chartes.

En 1674, le roi condamne solennellement la forme des Compagnies de colonisation. Et toutefois, lui-même ne cesse pas d'y avoir recours. Avant sa mort, il délivre encore des chartes à dix-huit ou vingt compagnies plus ou moins considérables. Ses successeurs, après des échecs plus éclatants, après de véritables désastres, en délivrèrent encore. Il faudra l'effondrement de 1770, l'intervention éloquente de Turgot, les réquisitoires de tous les publicistes pour faire abandonner ce procédé de colonisation. Et toutefois, en 1789, à la veille de la Révolution, nous trouvons encore une nouvelle Compagnie des Indes : c'était la huitième qui portait ce titre.

De cette persistance de Louis XIV et de ses successeurs que conclure? C'est que la condamnation que Louis XIV, dans l'Édit de 1674, prononçait contre les Compagnies de colonisation et que lui et ses successeurs ont à diverses reprises confirmée, n'était pas définitive ni surtout générale; qu'elle ne signifiait qu'une chose : à savoir que les Compagnies de colonisation cessent d'être nécessaires, et peuvent même devenir nuisibles, que leurs privilèges n'ont plus raison d'être, et que l'État doit seul commander aux colonies, pour en rendre l'accès libre à tous les citoyens, *là où un travail préalable, souvent l'œuvre des Compagnies mêmes, a débroussaillé, déblayé le terrain, et préparé et permis la direction moralisatrice de l'État, en même temps que l'action utile des individus.*

CHAPITRE II

Encouragements accordés
aux compagnies.

---

§ 1. *La période de fondation : le monopole,*
les droits régaliens; les secours en argent.

SOMMAIRE. — Les faveurs de la royauté; faveurs générales et faveurs de détail. — Monopole sur le territoire; droits fiscaux et droits seigneuriaux; avantages et inconvénients pour les compagnies. — Les subventions; souscriptions du roi au début, assistance pécuniaire au cours des opérations.

Nous venons de montrer dans la précédente section l'évolution, en quelque sorte naturelle, des chartes délivrées aux Compagnies privilégiées de colonisation, et le changement correspondant qui se produisit dans l'attitude de la Couronne à l'égard des Compagnies et des colonies.

5.

La Couronne, qui ne fut d'ailleurs jamais indifférente à l'égard des entreprises coloniales, n'avait toutefois, au début, cru devoir ni s'en charger elle-même ni même encourager par des faveurs marquées ou par une aide coûteuse ceux qui, s'en chargeaient, c'est-à-dire les Compagnies de colonisation. C'est seulement au bout de longues années qu'elle parut attacher une réelle importance au maintien et à la prospérité des colonies, qu'elle se mit en conséquence à accorder, puis à prodiguer les faveurs aux Compagnies de colonisation, et même qu'elle se décida à prendre en main la direction de certaines colonies, de celles notamment dont le climat est clément aux Européens et où, les Compagnies ayant une fois déblayé le terrain, l'action de l'État devenait moins onéreuse et l'action des particuliers plus facile. Mais, même le jour où l'État entreprit de se charger de certaines colonies, il ne se désintéressa pas des Compagnies de colonisation, il ne renonça pas pour cela à leur délivrer des chartes; il ne leur retira pas sa faveur.

Or, quand on examine, d'une façon un peu superficielle, quels ont été les encouragements

et les faveurs que, surtout durant certaines
périodes, l'État accordait aux Compagnies de
colonisation, on demeure stupéfait que ces Compagnies qui, ne l'oublions pas, ont fini toutes
par sombrer, n'aient pas eu toutes, au contraire,
une fortune éclatante. Il y a là, au premier
abord, un problème embarrassant. Ce problème,
on en trouve la solution quand, au lieu des
seules faveurs accordées, on cherche les entraves
et les difficultés apportées de divers côtés à leur
œuvre. Cette recherche impartiale, cet attentif
examen des encouragements et des obstacles,
nous les ferons; mais, pour la facilité de l'exposé, nous les ferons à tour de rôle. Et c'est
seulement quand nous aurons montré les deux
faces de la question que nous nous permettrons
de conclure. On verra alors par quelles causes,
par suite de quelles fautes les Compagnies ont
été ruinées, et aussi à quels intérêts elles ont
été sacrifiées.

En attendant, parlons des faveurs qu'elles ont
reçues.

Ces faveurs, on peut les ranger en deux catégories : les unes ont pour but de préparer la

fondation de la Compagnie et le peuplement de
la colonie; les autres ont pour but, une fois la
colonie fondée et peuplée, d'en faciliter l'exploitation, c'est-à-dire de lui permettre de vivre et
de prospérer. Commençons par les premières.

Les faveurs accordées aux colonies se résument
toutes en deux termes : des faveurs générales —
un privilège ou monopole et une délégation de
certains droits régaliens, — et des encouragements de détail.

Le privilège dont nous avons déjà donné
quelques exemples, confère à la Compagnie le
droit de pouvoir seule occuper, cultiver, exploiter
un territoire donné; de pouvoir seule le concéder
à des tenanciers; de pouvoir seule évangéliser
et convertir les indigènes; enfin, de pouvoir
seule faire le commerce à l'aller et au retour, à
l'importation et à l'exportation, entre la colonie
et la métropole. Sur la question du commerce,
nous aurons à revenir plus tard; il est donc inutile d'y insister à présent : au surplus, l'utilité et
l'avantage d'un monopole commercial sont —
au moins pour les gens à courtes vues — évi-
dents. Il n'en est pas tout à fait de même des
autres parties du privilège.

Pour en apprécier l'utilité, il faut se rendre
compte de ceci, que la législation encore en
vigueur sous Louis XIII et sous Louis XIV est,
à beaucoup d'égards, une législation féodale.
Le roi a le domaine éminent du royaume; il est,
comme on dit, le souverain fieffeux. Au-dessous
de lui s'étagent, suivant leurs rangs respectifs,
des vassaux et tenanciers, qui sont eux-mêmes
les suzerains d'autres vassaux et d'autres tenanciers. Les Compagnies de colonisation tiennent
leurs terres du roi moyennant foi, hommage et
redevance, redevance d'ailleurs modique; et, à
leur tour, elles les concèdent par fractions, à
d'autres, qui leur doivent également foi, hommage et redevance. Toutes ces fractions consti-
tuent ce qu'on appelle des tenures : tenures
nobles ou tenures roturières, suivant la qualité
des tenanciers. Notons que les compagnies
reçoivent, de temps à autre, du roi, des brevets
de noblesse en blanc dont elles peuvent disposer
en faveur de leurs principaux tenanciers. Et
elles en usèrent si bien, qu'il se constitua aux
colonies toute une noblesse, laquelle pouvait
rentrer en France et y jouir de ses titres et qu'il
surgit même, quand elle rentra effectivement,

des difficultés très vives entre la noblesse continentale et la noblesse coloniale. Or, tous ces tenanciers, colons immigrés, indigènes convertis, etc., payaient à la Compagnie des redevances annuelles, à la vérité peu élevées ; elles lui payaient encore des droits de mutation, d'abrègement, etc. Cela eût pu être la source de produits considérables, et donnait par là même une valeur à ce privilège exclusif de la Compagnie sur le territoire de la colonie.

La délégation des droits régaliens avait une autre portée. Ces droits étaient de plusieurs sortes : les uns consistaient dans certains droits fiscaux : établir certaines taxes, profiter de certaines aubaines (aubaine proprement dite, droit d'épave, de bris, de naufrage, etc., etc.) ; d'autres consistaient dans des droits que j'appellerai seigneuriaux, par exemple rendre la justice à tous ses degrés, sauf le droit du roi d'établir des cours souveraines devant lesquelles on en appelait de la décision des premiers juges ; d'autres enfin consistaient dans des droits politiques : entretenir des troupes, faire la guerre, conclure la paix, passer des traités, etc.

Je ne suis pas très sûr qu'il faille considérer

comme une pure faveur, comme un avantage
sans mélange cette délégation des droits régaliens. Pour les premiers droits, pour les droits
fiscaux, pas de doute; ils étaient une source de
revenus. Les seconds, droits seigneuriaux,
étaient, d'après la coutume de l'époque, la conséquence directe de la concession territoriale
faite à la Compagnie, et par conséquent rentrent
dans le privilège même à elle accordé; nous
n'avons donc pas à en tenir compte ici. Quant
aux troisièmes, aux droits politiques, loin d'être
une faveur, ils ont été une cause de faiblesse.
Et, à mon avis, ils ont été aliénés par la Couronne, non pour aider et renforcer les Compagnies, mais pour décharger d'autant le roi. Je
reviendrai sur cette question. Dès à présent, je
puis dire ceci : les Compagnies de colonisation
ont succombé principalement sous les guerres
que leur attirait le roi et sous les guerres qui
furent la conséquence de leurs droits régaliens.

Restent les faveurs de détail. Celles-là sont
indiscutables, sauf la balance à établir plus tard
entre les faveurs et les charges, entre les avan-

tages et les inconvénients de la condition des Compagnies privilégiées.

En étudiant ces faveurs de détail, il faudrait, si l'on voulait être absolument exact, distinguer plusieurs périodes dans l'histoire des Compagnies. Il y a une période où on les aide de paroles et de bonnes promesses, une autre où on les aide moralement et matériellement, une autre où l'on est absolument à leur dévotion, une autre où on les tolère seulement, une autre où on les persécute, une autre où l'on met, pour ainsi dire, toutes les ressources de l'État à leur disposition, une autre enfin où on les étrangle. Il importerait donc de faire la part de chacune de ces périodes.

Voici, par exemple, ce que Louis XIV écrit en 1670 à Jacob Blanquet de la Haye, colonel du régiment de la Fère, qui commandait une escadre de la mer des Indes : « Sa Majesté estime si nécessaire d'agir de concert avec les directeurs et mesme d'exécuter tout ce qu'ils jugeront à propos que, quand mesme ledit sieur de la Haye connoistrait qu'il ferait mal, après leur avoir représenté ses raisons, Elle désire qu'il suive ponctuellement leurs sentiments ».

C'est le régime de la faveur éclatante : les Compagnies sont le bras droit de la Couronne. Mais passons aux premières années de la Régence; il n'est alors sorte de tracasseries et de misères qu'on ne leur fasse. Si l'on voulait tenir compte de ces alternatives et de ces revirements, il faudrait un volume. Nous nous contenterons de retracer ici, à mesure qu'ils se présentent à nous, et sans nous préoccuper de l'époque, les traits épars qui permettent de voir dans leur ensemble les rapports si variables de la Couronne et des Compagnies.

Quand il fut tout d'abord question de ces Compagnies, un auteur, Montchrétien, voulait qu'on les encourageât par libéralités, par privilèges et par annuités : tout cela se rencontre, sous des formes diverses. Nous n'avons plus rien à dire des privilèges : nous parlerons maintenant des secours en argent.

Ces secours prirent bien des formes. Tantôt le roi donne des subventions à une Compagnie en formation ou déjà formée, ou à une Compagnie même qui liquide; tantôt il engage ceux qui, à un titre quelconque, dépendent de lui, à s'intéresser à telle Compagnie pour des sommes plus ou moins considérables. Ainsi, à la Compagnie des Indes occidentales, Louis XIV prêta, sans intérêt, le dixième des sommes engagées pendant les quatre premières années. Vraisemblablement les sommes ainsi prêtées ne furent pas remboursées; et néanmoins quand, en 1674, la Compagnie liquida, le roi paya de ses deniers pour trois millions et demi de dettes et rembersa aux actionnaires, aux différents fonds, 1 300 000 francs de capital. Pour la Compagnie des Indes orientales il fit plus encore. Au moment de sa formation (1664), il lui promit 2 millions de livres, et en 1668 il lui avait déjà, outre ces 2 millions, versé 2 180 000 livres, stipulant que toute la perte serait imputée d'abord sur ce que lui-même avait versé.

C'étaient là des sommes considérables; ce n'était rien auprès de ce que plus tard la Couronne fournit à la grande Compagnie des Indes, héritière de celle de 1664. A en croire l'abbé Morellet, la Couronne lui aurait versé, de 1725 à 1769, 367 millions de livres. L'abbé Morellet est suspect : c'est un véritable réquisitoire qu'il a lancé contre la Compagnie des Indes. Qu'on réduise ses chiffres tant qu'on voudra, il n'en est pas moins certain que les sacrifices de la Couronne pour la Compagnie des Indes ont été énormes.

Et les sommes données sous forme de subventions directes ne sont pas les seules qu'aient reçues les Compagnies. La Couronne venait encore à leur aide au moyen de primes à la navigation, de primes au transport des émigrants, de primes à l'importation des noirs, de primes à l'extraction des produits miniers, de primes à l'importation des marchandises des colonies, de primes à l'exportation des produits français.

Ce n'est pas là d'ailleurs, nous l'avons dit, la seule méthode qu'avait la Couronne pour remplir les coffres des Compagnies. Une autre méthode bien plus productive consistait en ceci : le roi invitait la cour, la ville et la France à souscrire aux Compagnies en formation. Il y eut là, de sa part, l'emploi d'une série de procédés où la pression eut parfois autant de part que la persuasion. Mais peu importe : le résultat cherché, au moins tout d'abord fut atteint, et l'ingéniosité de la méthode mérite qu'on la décrive avec quelques détails.

§ 2. *La période de fondation : le peuplement;*
les souscriptions.

SOMMAIRE. — La politique coloniale de l'ancien régime,
l'ingéniosité de ses procédés. — Comment on peuple des
colonies : avantages offerts aux colons; séduction à l'adresse
de chaque classe de la nation en particulier. — Comment on
attire ou l'on entraîne les capitaux : séduction et pression;
inconvénients de la méthode d'autorité; la nation obéit au
roi, mais ne le suit pas dans sa passion pour les entreprises
coloniales.

Ceux qui, de nos jours, entendent sans cesse
répéter que nous ne sommes pas un peuple
colonisateur, et savent, par exemple, qu'il nous
a fallu soixante-dix années pour faire passer, au
prix de dépenses inouïes, 250 000 Français dans
cette Algérie qui est à nos portes, et que, chaque
année, sur 25 ou 30 000 de nos nationaux qui
quittent le sol de la patrie, à peine quelques
centaines se dirigent sur nos colonies; ceux qui
se sont rendu compte de la difficulté qu'il y a
longtemps eu chez nous à trouver des capitaux
même modiques pour les entreprises coloniales
même les plus tentantes, ceux-là ne peuvent manquer d'être étonnés de la quantité de colons et de
capitaux que l'Ancien Régime sut attirer en peu
de temps dans nos colonies. Les îles de l'Amé-

rique, par exemple, dont on commença la colonisation en 1626, auraient renfermé en 1674, c'est-
à-dire au bout de quarante-huit ans, malgré des
échecs successifs, près de 50 000 colons ; le Canada, en 1688, en avait 12 000 ; Saint-Dominique,
en 1700, en avait 30 000 ; la Martinique, la même
année, 10 600 ; la Guadeloupe, 4000. Et pourtant,
à cette époque, la navigation était lente et aléa-
toire ; le temps était passé des vies d'aventures
et des prodigieuses exodes qui avaient, depuis
quelques siècles, conduit hors d'Europe des
masses immenses ; enfin, le royaume ne renfer-
mait pas plus de 20 millions de Français. Pour
arriver, en si peu de temps, et malgré tous ces
obstacles, à un si brillant résultat, il fallut une
habileté, une énergie et une ténacité peu com-
munes. Et c'est en effet ce que nous constatons,
quand nous étudions les procédés à la fois ingénieux et autoritaires de l'Ancien Régime.

Nous ne pouvons pas entrer dans le détail de
tous ces procédés, ils ont été fort bien décrits
par plusieurs auteurs [1]. Nous en indiquerons
seulement l'esprit.

1. Voir Pauliat, *la Politique coloniale de l'ancien régime*,
Calman Lévy, 1887.

6.

Au surplus, ils se ramènent tous à ceci :
1° faire connaître l'existence de la formation de
la Compagnie; 2° offrir à chaque catégorie de
personnes les avantages qui précisément peuvent
la décider à entrer dans la Compagnie, soit comme
colons, soit comme souscripteurs; 3° si cette
séduction ne suffit pas, user de toute l'influence
qu'on possède pour augmenter le nombre et
l'importance des enrôlements et des souscriptions.

Les moyens de publicité sous l'Ancien Régime
n'étaient pas perfectionnés. Tout le monde sait
que, encore sous la Révolution et l'Empire, on
employait souvent comme moyen de porter même
les lois à la connaissance des populations ce
qu'on appelait la publication, c'est-à-dire l'an-
nonce et la proclamation à son de trompe ou de
tambour. Sous Louis XIII et sous Louis XIV, ces
moyens étaient plus rudimentaires encore; aussi
l'on n'avait rien imaginé de mieux que de faire
annoncer la formation des Compagnies, au prône
de la messe de chaque village, par le curé, qui
lisait en outre les prospectus des comités d'initiative. Ces prospectus étaient répandus dans les
villes, dans les campagnes, jusqu'à l'étranger

parmi ces Suisses et surtout ces Allemands qui
émigraient si volontiers et fournissaient des
alliés ou des soldats à tous les princes d'Europe.

Le public était donc autant informé que cela
était possible à cette époque. Et les prospectus
étaient, il faut le dire, singulièrement alléchants.
Non seulement les pays où devait s'établir la
Compagnie y étaient présentés sous l'aspect le
plus enchanteur et décrits comme renfermant
d'inépuisables richesses — ce que, pour beaucoup d'ailleurs, l'événement prouva être exact,
— mais encore il y était offert à ceux qui iraient
s'y établir ou qui seulement participeraient par
leur argent à la fondation de la Compagnie, des
avantages que nulle autre affaire n'aurait pu leur
procurer. En vérité, qu'il s'agît d'engager les
gens à souscrire ou à émigrer, on n'avait négligé
aucun argument.

A la noblesse, on garantissait qu'il n'y aurait
là pour elle aucune cause de déchéance, quelle
que fût l'occupation : agriculture, négoce, métiers
divers, à laquelle elle s'adonnerait. Et cette promesse fut si religieusement tenue qu'en 1757,
c'est-à-dire près de cent ans après la promesse
faite, nous relevons, entre vingt cas, celui d'un

sieur du Poulpry, qui après avoir exercé le métier de maçon, put réclamer les privilèges de la noblesse, en se fondant sur une lettre du ministre, enregistrée au Conseil du Cap.

Aux officiers, magistrats et fonctionnaires, qui avaient pris l'habitude — comme les évêques — de ne pas résider au siège de leur fonction, et qu'une récente circulaire (1663) du roi venait d'astreindre à cette obligation pénible, les chartes des Compagnies annonçaient que, s'ils souscrivaient pour 20 000 livres, ils seraient dispensés de la résidence et jouiraient de leurs gages et droits comme s'ils étaient présents aux lieux de leur fonction.

Aux étrangers, que la splendeur du règne de Louis XIV attirait en France, mais qui, de par les lois alors en vigueur, y gardaient la condition, à tant d'égards inférieure, d'étrangers, on promettait, s'ils entraient dans la Compagnie pour 20 000 livres, tous les droits des regnicoles, et ces droits leur seraient maintenus tant qu'ils demeureraient intéressés dans ladite Compagnie pour 20 000 livres, et leur seraient, à tout événement, définitivement acquis au bout de vingt années.

Aux artisans qui auraient demeuré et exercé leur métier aux îles pendant dix années, on garantissait des lettres de maîtrise valables dans tout le royaume.

Aux marchands, on faisait entrevoir le privilège exclusif du commerce dans les territoires de la Compagnie et entre ces territoires et la France.

Aux bourgeois, on offrait la perspective des lettres de noblesse, que la Compagnie serait autorisée à délivrer à ses plus gros souscripteurs ou colons, et qui seraient, sous certaines conditions, valables dans tout le royaume.

Aux célibataires, on facilitait le mariage avant leur départ, par la suppression de deux et même (1763) de trois publications; et, une fois sur le territoire de la Compagnie, s'ils se mariaient avec des indigènes converties, on garantissait aux enfants à naître la qualité de naturels Français, avec toutes les prérogatives attachées à cette qualité.

Puis, une fois la Compagnie fondée, pour l'alimenter convenablement de colons, on prenait toutes sortes de mesures.

Il en est une qu'on a louée ici, et là critiquée,

qui me semble à moi détestable : c'est celle qui a consisté à envoyer même par force aux colonies les vagabonds et les criminels de droit commun. Mais, à côté de cette mesure au moins discutable, il en était d'autres excellentes et efficaces.

On allouait, par exemple, à tout capitaine qui transportait des émigrants aux colonies, par tête d'homme, 5 livres ; par tête de femme, 3 livres. En dehors des émigrants, futurs concessionnaires, il y avait ceux qu'on appelait les engagés, qui, transportés gratuitement, s'obligeaient à travailler pendant trois années pour le compte de ceux qui auraient payé leur voyage et subviendraient pendant le même temps à leurs besoins. Passé ces trois ans [1], ils étaient dégagés de leur obligation et pouvaient solliciter une concession, servir comme valets de culture, s'établir comme artisans, etc.

1. Au bout de peu de temps, soit que l'émigration fût devenue un fait normal et peu effrayant pour la population continentale et que l'on n'eût plus besoin de retenir les engagés par une obligation légale, soit, au contraire — ce qui est plus probable, — que l'on trouvât difficilement des travailleurs réguliers pour une aussi longue période, le roi (1670) réduisit à dix-huit mois les engagements jusqu'alors de trois années.

Enfin, malgré le zèle que le roi témoignait pour la religion catholique, zèle qui allait dans quelques années le pousser à révoquer l'Édit de Nantes, il permettait aux juifs de s'établir et trafiquer dans les colonies, et défendait à personne de les y troubler [1].

Voilà pour les moyens, en quelque sorte officiels, de propagande. Mais à côté de ceux-là, il y en eut d'autres, moyens plutôt officieux.

Étudions, par exemple, la fondation de la Compagnie des Indes orientales (1664) : la Cour s'y intéressa pour 2 millions de livres ; les financiers pour 2 millions également ; les cours souveraines pour 1 200 000 livres ; et les villes principales du royaume : Lyon, pour 1 million de livres ; Paris, pour 650 000 ; Rouen, pour

---

1. 23 mai 1671. Lettre du roi à M. de Baas, gouverneur : « Mons de Bas, ayant été informé que les Juifs qui sont établis dans la Martinique et les autres îles habitées par nos sujets ont fait des dépenses assez considérables pour la culture des terres et qu'ils continuent de s'appliquer à fortifier leurs établissements, en sorte que le public en recevra de l'utilité, je vous fais cette lettre pour vous dire que mon intention est que vous teniez la main à ce qu'ils jouissent des mêmes privilèges dont les habitants desdites îles sont en possession et que vous leur laissiez une certaine liberté de conscience, en faisant prendre néanmoins les précautions nécessaires pour empêcher que l'exercice de leur religion ne puisse causer aucun scandale aux catholiques. »

500 000; Bordeaux, pour 400 000; Nantes, pour 200 000; Tours, pour 150 000; Saint-Malo, pour 100 000; Rennes, 100 000; Dijon, 100 000; et pour des sommes moindres, Moulins, Bourges, Le Havre, Marseille, Dunkerque, Metz, Amiens, Langres, Châlons, Riom, etc.

Ce sont là des résultats. évidemment considérables pour le temps. Mais on s'illusionnerait si l'on croyait qu'ils furent acquis sans peine. Le roi avait écrit des lettres autographes; ses ministres avaient écrit; ses intendants, les présidents de ses parlements avaient exercé une pression souvent indiscrète.

Malgré cela beaucoup de villes n'avaient rien voulu souscrire : Montpellier, par exemple, qui « n'a pas l'habitude de mettre ses fonds dans des entreprises lointaines »; Saint-Jean-de-Luz, qui s'excuse sur sa « pauvreté ordinaire », d'autres sur « les pertes souffertes pendant les dernières guerres »; d'autres enfin, comme Saumur, Soissons, qui ne donnent aucune raison et ne répondent même pas aux convocations.

Après les villes qui ne donnent rien, celles qui donnent de mauvaise, de très mauvaise grâce : Bordeaux, par exemple, qui refuse catégoriquement sur une première demande et n'accorde 400 000 francs qu'après que le premier président de Pontac a menacé toutes les classes de la population : les bourgeois, dont on examinera de près les lettres de bourgeoisie, les nobles contestables, qu'on condamnera sur leur noblesse, les officiers du roi, qu'on ramènera par les moyens accoutumés; et aussi Dijon, qui souscrit 100 000 francs, parce que le président du Parlement crie tout haut qu'il a l'ordre du roi de lui envoyer, avec la liste de ceux qui y ont pris part, les noms de ceux qui ne voudront pas s'y associer.

Enfin, après ces deux catégories, les villles qui souscrivent en faisant leurs conditions : Lyon, par exemple, qui souscrit 1 million, à la condition qu'il aura une chambre de direction particulière; Rouen, qui apporte 500 000 francs et en donnerait davantage si ceux de la religion avaient obtenu le libre exercice dans l'île de Saint-Laurent, etc.

La pression des intendants, des présidents, des évêques avait été si vive que l'indignation et la révolte se traduisirent par des lettres anonymes adressées même à Colbert. On lui

écrivait de Clermont : « Je suis assuré que le
roi ni son conseil n'entend point que l'intendant
exerce dans ce pays toutes les violences et les
menaces qu'il met en pratique pour la contribution du commerce des Indes où l'on sait que
Sa Majesté veut que la liberté soit entière. Ne se
contentant point de ce que les compagnies (il
s'agit ici des compagnies de magistrats, de fonctionnaires, de commerçants, etc.) ont voulu
donner de gré, il est revenu à la charge, disant
qu'il avait des ordres pour les obliger à faire
plus. Il s'est servi du même prétexte pour y
contraindre les villes, en se rendant maître de
leurs taxes, et, sans considérer leur pouvoir, les
a mises dans l'impossibilité de les payer, à
moins d'employer le ministère des dragons,
comme il commence à faire. »

Ce sont là des plaintes fâcheuses et qu'il convient de ne point négliger, si l'on veut apprécier
sainement l'état de l'opinion en France et, par
suite, les chances de succès des Compagnies de
colonisation. Il est évident que ces Compagnies
ne peuvent réussir dans leurs entreprises que si
elles sont solidement soutenues dans la métropole. Et l'appui du gouvernement, fût-ce d'un

gouvernement absolu comme celui des rois, ne suffit pas; car le roi sera, au premier jour, détourné des colonies par les questions continentales. Il y faut l'appui de la nation, l'appui des ports, des villes industrielles et commerçantes, l'appui de tous les souscripteurs. Ces entreprises coloniales sont du genre de celles que nos anciens textes qualifiaient par ces termes : « à la grosse aventure ». Les débuts peuvent en être fâcheux; un premier, un second, un troisième départ peuvent échouer. Ce ne doit pas être une raison pour désespérer. Le succès en lui-même est certain, mais on ne l'achète qu'à force, non pas seulement de ténacité, car la ténacité peut n'être que la résignation, mais d'enthousiasme; c'est de l'enthousiasme qu'il faut en ces matières.

Or, de l'enthousiasme, les premières Compagnies de 1600 à 1650 en ont eu; mais peut-on en attendre maintenant (1664) de ces souscripteurs à qui on aura dû extorquer leur argent? Au premier prétexte, parfois même sans prétextes, ils rompront ou ils céderont leurs engagements et — ce fut le cas pour la Compagnie des Indes orientales de 1664 — la Compagnie sera arrêtée presque au début, faute d'argent. A ces Compagnies il faudrait être prêt à refaire deux fois, trois fois leur capital : ici on ne le fera pas intégralement même une fois. Et alors l'État devra intervenir. Or l'État intervenant, le système tout entier est faussé. Nous n'avons plus devant nous une Compagnie coloniale, c'est-à-dire un organisme vivant, indépendant, plein d'ingéniosité et d'initiative, mais un être bâtard, trop faible pour agir seul, trop surveillé pour être maître de ses mouvements, et qui réunit en soi toutes les causes d'insuccès : toutes celles de l'État et toutes celles des Compagnies.

En sorte que de ces faveurs, de cette puissante assistance qui procura aux Compagnies des colons et des souscripteurs, nous pouvons dire ce que nous disions récemment de la délégation des droits régaliens : elles furent une cause de faiblesse plutôt qu'une cause de force. Elles ruinèrent du coup, et pour longtemps, les Compagnies et par cela même les colonies dans l'esprit de la nation.

Il nous reste à voir ce que valaient les autres modes d'encouragement accordés aux Compagnies.

§ 3. *Les faveurs de la royauté;*
la période d'exploitation.

SOMMAIRE. — Encouragements et conseils aux colons en général : hygiène, lois, justice. — Encouragements à l'agriculture et à l'industrie : main-d'œuvre, exemptions d'impôt. — Encouragements au commerce : chemins, liberté du commerce intérieur, transports maritimes, juridiction spéciale. — Encouragements spéciaux à la Compagnie : subventions en argent; respect assuré à son privilège; tribunaux compétents.

Nous avons montré comment la royauté avait collaboré directement à la fondation des Compagnies et au peuplement de ses territoires. Mais ce n'était pas assez de lancer l'entreprise, il fallait l'aider à vivre. Ces colons, ces négociants qu'on avait attirés, il fallait les soutenir, les diriger, les assister, les enrichir; cette Compagnie qu'on avait créée, il fallait la défendre contre ses ennemis et contre ses envieux. Il y avait là une lourde tâche, plus lourde mais plus utile encore que la première : la royauté n'y faillit point. Je ne dis pas qu'elle y réussit.

Tout d'abord, il fallait renseigner les Français immigrés dans ces pays si nouveaux pour eux sur le genre de vie qu'il convenait d'y mener,

7.

sur les précautions à prendre et les excès à éviter. Quelques-unes des prescriptions répandues et propagées par les soins des Compagnies, lesquelles les tenaient généralement du Conseil privé du roi, étaient, sauf quelques erreurs de détail, des modèles qu'on n'a pas surpassés de nos jours. Voici, par exemple, ce que portaient les instructions données en 1664 pour les colons de Madagascar : « Trois choses sont absolument nécessaires pour éviter la mort : la première, d'empêcher qu'ils ne mangent des fruits de l'isle avec excès et particulièrement du lait crud, qui est mortel; c'est pourquoi il faut les assujettir à le faire cuire et les accoutumer peu à peu à la nourriture du pays. La seconde est de les empêcher de s'adonner aux femmes du pays qui sont faciles et extraordinairement lubriques et qui donnent le mal vénérien, qui le plus souvent devient incurable; et, en troisième lieu, de les empêcher de s'écarter et aller en partys, sans commandement exprès, parce que les peuples naturels du païs, estant traîtres ou vindicatifs, ne peuvent oublier les mauvais traitements qu'ils ont reçus, injustement à ce qu'ils prétendent, de notre nation, ce qui leur donne lieu de se venger,

sans quartier ni miséricorde, sur ceux qu'ils
peuvent trouver à leur advantage. »

Ne pas mourir ne suffit pas; il faut vivre, ce
qui n'est pas la même chose. Or, ces colons, qui
s'en vont dans ces pays riches en produits exotiques fort appréciés en Europe, peuvent tomber
dans un grand danger : cultiver exclusivement
ces produits riches et de débit facile, et, à cause
de cela, oublier les produits communs dont on
se nourrit. Il ne faut pas, en effet, qu'ils comptent
trop sur la métropole : les famines, les guerres
peuvent les empêcher de recevoir les denrées
qu'ils en pourraient tirer, farine, bétail, salaisons, etc.; les primes mêmes que le roi accorde
à ceux qui transporteront aux colonies certains
produits français, tels que les salaisons de bœuf,
pour lesquelles il paye, tant à son compte qu'à
celui de la Compagnie, 4 livres par baril, peuvent
être insuffisantes pour assurer l'alimentation de
la colonie. Les colons doivent donc faire comme
s'ils ne devaient, pour se nourrir, compter que
sur eux seuls et réserver, dans leurs habitations,
la place nécessaire pour les vivres, c'est-à-dire
le manioc, les bananes, les patates, les ignames,
le riz, le maïs, etc. Cela les sauvera de la famine

et assurera aussi la subsistance de leurs esclaves, qui sans cela deviendraient peut-être fugitifs et marrons [1].

Tout cela était très bien; la royauté ne s'en contentait pas et prenait des mesures minu-tieuses pour procurer aux colons, je n'ose pas dire de bonnes lois, mais des lois appropriées à leurs besoins, de bons règlements, une justice, je n'ose pas davantage dire bonne, mais relative-ment facile et expéditive, enfin l'assistance dans leurs entreprises de culture, d'industrie, de com-merce, et pour assurer à la Compagnie la protec-tion de ses droits et le respect de ses privilèges.

Les lois étaient celles de la métropole; c'était, dans presque toutes les colonies, la coutume de Paris. Mais bien des modifications y étaient chaque jour apportées, soit par les conseils supé-rieurs, dont les arrêts en forme de règlement — ces arrêts qui sont aujourd'hui interdits à nos magistrats — arrivaient à constituer une légis-lation nouvelle, soit par des dispositions spé-ciales des autorités de la colonie à qui le roi avait conféré le droit de légiférer [2].

1. Voir notamment les deux lettres des ministres du roi, du 26 décembre 1703 et du 20 août 1776.
2. « Sa Majesté n'ayant pu prévoir toutes les difficultés qui

Les tribunaux, dont relevaient les colons, étaient ou bien les tribunaux institués par les Compagnies en vertu de leurs chartes, ou bien les cours souveraines que le roi s'était réservé le droit d'établir, comme il le faisait dans le royaume. Devant quelque tribunal que ce fût, la procédure devait être sommaire. Ce fut là une préoccupation constante de nos rois. Dans une instruction donnée à l'intendant Deslandes en 1703, il est dit qu' « il aura toute l'attention praticable à empêcher l'introduction de la chicane et qu'il s'établisse des habitants en qualité d'avocats ou de solliciteurs, les affaires devant être traitées dans les colonies le plus sommairement qu'il est possible »[1]. Malgré ces défenses expresses, les colonies ne purent échapper à la chicane; les avocats s'y mirent et il fallut plus tard créer à côté de la justice ordinaire une justice sommaire, plus expéditive et moins coûteuse[2].

sont survenues à ce sujet, nous, sous le bon plaisir de S. M... »
Préambule d'une *ordonnance* des administrateurs en date du 8 septembre 1709.

1. Cf. à ce sujet ordonnances du 13 janvier 1676 et de septembre 1683.

2. Cette justice était une chambre de conciliation. « Le premier objet de la chambre, disait l'ordonnance du gouverneur

A ces mesures de protection et d'assistance générales, qui s'adressaient à tous les colons, le roi en joignait d'autres spéciales à chaque classe de la population.

Aux agriculteurs, on s'efforçait de procurer une main-d'œuvre abondante. On facilitait la venue des blancs, indispensables pour guider et surveiller les noirs ; on réduisait à dix-huit mois la durée des *engagements*, jusqu'alors de trois ans, délai qui effrayait bien des gens, et on payait une prime par chaque blanc ou blanche transportés aux colonies, lesquels ne pouvaient guère, au moins dans les premiers temps, être autre chose que serviteurs et cultivateurs. On favorisait la venue des nègres en payant des primes de 13 livres par tête de nègre importé (*Contrats* de janvier 1673, 25 mars 1679, mars 1696). Quand les nègres étaient arrivés, on donnait aux cultivateurs un droit de préemption ;

et de l'intendant du 8 juin 1764, sera de diminuer le nombre des procédures qui s'est glissé même dans notre tribunal ; elle s'occupera à la simplifier, à réduire toute opération juridique et tout délai à l'indispensable... La chambre ne sera pas en droit d'arrêter lesdites poursuites ; mais tous créanciers qui n'auraient point égard aux représentations des conciliateurs seront notés sur les registres de la chambre et seront pour toujours déchus d'avoir recours à son autorité. »

quand ils étaient entrés dans les habitations et attachés à la culture, on les protégeait contre les saisies de toute nature, sauf celles qui avaient pour cause le paiement du prix de vente de ces nègres (*Ordonnance* de mars 1685, art. 48 ; arrêts du 6 mars 1713, etc., etc.).

Puis, quand les habitations étaient ainsi convenablement pourvues de travailleurs, on encourageait les colons à les rendre le plus productives possible et à y développer tous les genres de culture. Le roi redoutait toujours que tous voulussent s'adonner à la culture la plus avantageuse, c'est-à-dire à une culture unique, ce qui pourrait avoir pour effet d'encombrer le marché et, par suite de gêner, peut-être de ruiner la colonie. « Je regarde, écrivait son ministre (26 février 1698), la diversité des cultures dans les colonies comme la chose la plus importante à leur bien et qui peut le mieux contribuer à les maintenir dans un état florissant. » Et pendant des années, ce ne sont de sa part que lettres, qu'ordonnances pour encourager, soit simultanément, soit à tour de rôle, suivant les circonstances, la culture du petun (tabac), de l'indigo, du coton et même du sucre, quoiqu'il craigne de

voir les colons de toutes les colonies se lancer en
même temps dans cette dernière culture, ce qui
serait un mal, *puisque le royaume ne pourrait
consommer tout ce que les colonies produiraient*
(cela, à cause du régime de l'exclusif, sur lequel
nous reviendrons). Et il ne se borne pas à des
conseils généraux : il indique comment la culture doit être conduite, comment le produit doit
être préparé, et il finit par prendre l'engagement,
si l'on se conforme à ses indications, si l'on
fournit des produits honnêtes et marchands, de
se charger, lui, d'assurer le placement des produits[1].

Les industriels, ou du moins ceux qu'on pourrait, à cette époque, considérer comme tels,
n'étaient pas non plus oubliés. Le tissage de la
soie était encouragé par l'exemption des droits
de poids (22 août 1687) ; l'exploitation des mines
(en Afrique, là où il n'y avait pas de cultures,
car, dans la théorie du roi, la culture ne pouvait
que souffrir du voisinage des mines, surtout
des mines d'or; cf. l'ordonnance de 1738) au

---

1. Pour le tabac, voir les *lettres, ordonnances*, etc., du
5 février 1671, 26 août 1699, 6 février 1707; pour le sucre,
3 février 1761; pour l'indigo, 7 février 1671; pour le sucre et
l'indigo, 25 janvier 1678, 9 février 1714.

moyen d'une prime de 20 livres par chaque marc de poudre d'or importé dans le royaume (janvier 1685), etc.

Le commerce, bien plus intéressant alors que l'industrie, et que, dans leur pensée, nos rois ne séparaient pas de l'agriculture, recevait une assistance continuelle et minutieuse. Négociants des colonies qui préparaient les cargaisons des navires, négociants de la métropole qui venaient aux colonies chercher les produits destinés à la consommation du royaume, étaient également protégés. C'est ainsi que le roi punissait sévèrement les fraudes dans les produits coloniaux destinés à l'exportation : le sucre dans lequel on mettait de la terre, le tabac qu'on roulait sans précautions, l'indigo qu'on altérait par vingt mélanges, le coton qu'on mouillait pour le rendre plus lourd, etc. C'est ainsi encore qu'il instituait (juin-septembre 1712) un tribunal spécial pour juger les contestations entre les négociants-navigateurs et les colons, ces derniers ayant imaginé de soulever les difficultés les moins fondées et de traîner leurs adversaires en justice pour leur faire perdre des mois entiers à attendre la décision des juges et les ruiner ainsi par des frais imprévus. Puis, c'étaient des édits pour la création ou l'entretien des chemins devant permettre de transporter plus facilement les récoltes des habitations à la côte; c'étaient des primes à l'armement et à la navigation, qui devaient amener dans les ports de la colonie des bateaux plus nombreux et par suite diminuer le fret. C'étaient enfin, dans l'intérêt et des colons et des marchands, des règlements sur le commerce intérieur et sur le taux des marchandises.

Il y avait, en effet, à l'époque, un préjugé fort répandu, c'est qu'il était du devoir de l'autorité de fixer le prix des denrées et qu'il était en sa puissance de déterminer ce prix et de le rendre stable. Cette opinion, qui a encore aujourd'hui des partisans, se traduisait par des arrêts innombrables des intendants et autres administrateurs qui décidaient que tel article se vendrait à tel prix et non à tel autre [1]. Cela pouvait être fort dangereux : un

1. L'ordonnance du 12 janvier 1693 et surtout celle du 15 février 1757 montrent parfaitement quelles étaient les prétentions des administrateurs. « La vente des effets introduits, tant ceux qui composent les chargements que les pacotilles, sera faite sur le pied et au prix que nous aurons fixé à chaque article et le payement en sera fait par l'habitant en la denrée qu'il fabrique, dont nous réglerons pareillement le prix; les prix, tant des marchandises à vendre que des den-

administrateur peu fidèle pourrait, soudoyé par un armateur, fixer très haut le prix des marchandises importées et appauvrir les colons; un administrateur trop zélé pourrait fixer ce prix trop bas et éloigner les marchands chargés d'approvisionner la colonie et de lui acheter ses produits propres. Le roi avait à intervenir à chaque instant, ses avis et ses défenses même n'étant pas pris en considération. Quelques-unes de ses lettres ou de celles de ses ministres sur ces matières si considérables méritent d'être citées :

7 *mai* 1677. — « Sa majesté défend à M. de Blénac de faire ni de souffrir qu'il soit fait, par les conseils des isles, aucun taux fixe sur les vivres, denrées et marchandises qui seront portées de France, même sur les nègres et sur les denrées et marchandises du crû desdites isles ; mais, au contraire, elle veut que M. de Blénac laisse une entière liberté à tous les marchands français d'y vendre à telles conditions que bon

rées à recevoir en payement, seront par nous réglés suivant les circonstances et nous aurons l'attention de fixer les premières sur un prix assez avantageux et de réduire si bas celui des denrées qu'il reste aux étrangers un bénéfice assez séduisant pour les engager à apporter des secours à l'habitant. » (*Ordonnance*, 16 février 1757, art. 3.)

leur semblera, comme aussi aux habitants des
isles liberté entière de vendre les sucres, tabacs,
indigos et autres marchandises du crû desdites
îles. Et soyez bien persuadé *qu'il n'y a que cette
liberté qui puisse augmenter les colonies et les faire
fleurir*. Donnez-vous bien de garde de rien faire
en cela de contraire à mes intentions, quelque
raison que l'on vous puisse alléguer. »

10 *juin* 1680. — « Vous devez être bien persuadé que le seul et unique expédient de régler
toutes choses et de mettre le tout en état de produire de l'avantage aux habitants des isles, consiste uniquement à augmenter le nombre desdits
habitants et à laisser une entière liberté aux
marchands et habitants de vendre et acheter
leurs denrées, parce que le marchand forain qui
apporte des marchandises et qui en veut tirer du
sucre en échange, s'appliquera lui-même à connaître la qualité du sucre qui lui sera fourni et
préférera celui qui donnera du meilleur sucre à
celui qui lui en donnera du moindre ; et l'habitant qui veut avoir de la marchandise pour ses
besoins, cherchera lui-même le meilleur marché,
s'efforcera de faire de meilleur sucre, et soyez
persuadé qu'en cela seul consiste tout ce qui peut

être pensé et exécuté pour le bien du commerce des isles. »

20 *août* 1726. — « L'avantage du commerce et l'intérêt de la colonie demandent qu'il ne soit mis aucun taux ni sur les marchandises ni sur les denrées, tant de France que de la colonie; c'est dans cet esprit que les sieurs de la Rochalard et Duclos doivent agir; et, en cas que les conseils supérieurs ou d'autres personnes voulussent leur insinuer des sentiments contraires, ils ne doivent avoir aucun égard à leurs représentations et ils doivent les regarder comme gens suspects... qui voudraient se faire un mérite en insinuant aux peuples qu'ils cherchent à leur procurer les denrées et les marchandises à bon marché : *ils doivent toujours avoir pour principe que le commerce ne se soutient qu'autant qu'il est libre.* Il n'y a que les profits qu'on y peut faire qui encouragent à l'entreprendre et à le continuer, souvent malgré les pertes qu'on y fait : en ôter les risques, c'est en retrancher tout l'appât, ce qui l'anéantirait sensiblement. »

On voit l'importance que le roi et ses ministres, dont Colbert (1677 et 1680), attachaient à la liberté du commerce intérieur et les argu-

8.

ments excellents par lesquels ils défendaient cette liberté.

A toutes ces faveurs, qui s'adressaient plus directement aux colons, s'en joignaient d'autres propres à la Compagnie. Je ne reviens pas sur celles que j'ai citées plus haut en étudiant la période de fondation des colonies. Je ne m'occupe ici que de la période d'exploitation : j'en indiquerai trois principales.

La première consistait dans des secours en argent, secours importants et fréquemment renouvelés. Le roi ne se contentait pas d'aider de sa bourse les compagnies lors de leur formation; il les aidait, d'année en année, au cours de leur exploitation. Prenons, par exemple, la compagnie du Levant, de juillet 1670 : il lui avait, lors de sa formation, accordé de nombreuses faveurs : une prime de 10 livres par chaque pièce de drap exportée pendant 4 ans; l'exemption des droits d'entrée et de sortie pour les vivres et les munitions; un prêt de 200 000 livres sans intérêt, pendant six ans; prêt sur lequel on devait imputer d'abord les pertes de la compagnie. Voilà ce que le roi avait fait lors de la création de la compagnie. La compagnie une fois née et en exercice, il lui donna une gratification (octobre 1671) de 6560 livres pour l'envoi de 656 pièces de drap au Levant; une seconde (octobre 1672) de 6150; une troisième (août 1675) de 9930; une quatrième (octobre 1679) de 2430 livres, etc., étc.

La seconde et la plus considérable était celle qui avait pour but, sinon pour effet, de faire respecter le privilège de la Compagnie. Dans les recueils de lois et d'ordonnances, on rencontre de très nombreuses dispositions tendant à ce but. Elles ordonnent la saisie et la confiscation, au profit de la Compagnie, des marchandises vendues et transportées contrairement à son privilège. Elles vont même plus loin : elles frappent ceux qui se livrent à ce trafic d'amendes, et d'amendes énormes pour le temps. Je relève notamment le chiffre de 10 000 livres d'amende [1].

Je m'appesantirais davantage sur cette faveur, si j'étais sûr que ce fût une faveur. Mais, comme plusieurs que j'ai citées déjà, bien loin d'être une faveur, elle fut, je le prouverai plus loin, une cause de faiblesse et de ruine. Comme nos

1. Voir notamment 15 juin 1713 et 18 juin 1726.

rois l'ont dit excellemment, le commerce ne
peut fleurir que s'il est libre, et le monopole
des Compagnies, non pas restreint et portant,
par exemple, sur une denrée donnée, mais uni-
versel, mais s'étendant à toutes les marchandises, était, d'une part, une perpétuelle excita-
tion à la fraude pour les gens peu scrupuleux
et, d'autre part, une cause de découragement et
de dégoût parmi les concurrents honnêtes.

Une autre faveur, celle-là plus légitime, quoique parfois on en ait fait abus, était l'institution
de juridictions offrant aux Compagnies de grandes
facilités. Tout au début, les tribunaux compétents pour connaître des litiges surgissant entre
la Compagnie même et des tiers étaient les tribunaux et cours du royaume, et notamment les
tribunaux consulaires. Et, comme beaucoup des
membres de ces cours et tribunaux avaient,
plus ou moins spontanément d'ailleurs, souscrit
des parts dans les diverses Compagnies, ce qui
eût pu, dans les instances où ces Compagnies
étaient parties, les faire récuser pour cause de
suspicion légitime, une ordonnance du roi, du
27 avril 1664, avait déclaré que ces magistrats,
nonobstant leur qualité d'actionnaires, seraient

considérés comme compétents. Plus tard, d'une façon générale, les affaires intéressant les Compagnies furent toutes renvoyées devant une même juridiction : le conseil du roi. On voulait, par là, éviter à la Compagnie la multiplicité des procès devant des tribunaux différents, ce qui se fût immanquablement produit si chaque défendeur eût pu, pour une même affaire, assigner la Compagnie devant le parlement de son domicile. Plus tard encore, certaines affaires intéressant ces Compagnies furent renvoyées devant certains tribunaux spéciaux : par exemple, les affaires purement maritimes, qui devaient être fréquentes, étaient renvoyées devant les officiers de l'amirauté générale de France siégeant à la Table de marbre. Mais le principe d'évoquer les affaires des Compagnies devant le conseil du roi subsista toujours, et, même plus tard, quand il n'y eut plus que très peu de Compagnies, quand il n'y eut plus guère que la seule Compagnie des Indes, un arrêt du 26 mars 1761 déclara le conseil compétent pour les affaires intéressant *les colonies*.

Voilà, très sommairement exposées, les faveurs de toute nature accordées par nos rois soit aux

Compagnies mêmes, soit aux colons, habitants et négociants qui résidaient ou trafiquaient dans les territoires de ces Compagnies, pendant la période de fondation et pendant la période d'exploitation de ces Compagnies. Ces faveurs sont nombreuses, elles sont considérables, elles sont intelligemment distribuées.

Et cependant ces Compagnies, nous le savons déjà, n'ont pas réussi. D'où vient cela?

Les causes sont multiples : quelques-unes de ces faveurs étaient ruineuses; beaucoup étaient contre-balancées par des excès de pouvoir, des caprices, des exigences, des oppositions de vues, des contradictions, etc.; beaucoup furent rendues inutiles par l'incapacité ou l'aveuglement des agents des Compagnies; enfin le principe des Compagnies fut vicié par l'excès de ses monopoles et de ses privilèges.

CHAPITRE III

Causes d'insuccès.

---

§ 1. *Causes imputables aux chartes mêmes
ou au principe des Compagnies privilégiées.*

SOMMAIRE. — Causes apparentes : les obligations résultant
des chartes; aucune influence fâcheuse; — causes réelles :
1° trop de monde devait vivre des Compagnies; 2° étendue
trop vaste des territoires et durée trop courte des concessions; 3° droits souverains conférés aux Compagnies; 4° défaut
de contrôle de la part de l'État; 5° mauvais recrutement de
la population; 6° développement excessif des ordres religieux
et des biens de mainmorte.

Dans les sections précédentes nous avons
montré l'enthousiasme pour les Compagnies de
colonisation qui, chez nos rois, avait prévalu
pendant quatre-vingts ans, et l'emploi qui, même
l'enthousiasme disparu, en avait été fait par eux
pendant près de cent ans encore; nous avons

ensuite exposé, avec détails, les faveurs de toutes
sortes qu'ils leur avaient conférées. Si l'on
tenait compte seulement de cet enthousiasme et
de ces faveurs, on devrait conclure qu'ainsi
appuyées par des princes absolus, ces Compagnies auraient fait une fortune prodigieuse. Et
cependant nous savons que cela n'est pas, et
que, loin de prospérer, ces Compagnies n'ont
même pas pu vivre et ont fini par succomber.
Nous sommes ainsi amenés à rechercher les
causes de cet insuccès. Ces causes sont nombreuses et ont de multiples origines. Pour la
facilité de notre exposé, nous les avons répar-
ties sous quatre rubriques : causes imputables
aux chartes mêmes ou au principe des Compagnies privilégiées ; causes imputables au roi ;
causes imputables aux Compagnies ; enfin causes
imputables aux circonstances, aux idées qui
prévalaient alors, et à des contradictions presque
fatales.

Nous commencerons par les premières : les
causes imputables aux chartes mêmes ou au
principe des Compagnies privilégiées.

Parmi ces causes, on pourrait s'attendre à voir
figurer les charges imposées par les chartes aux

Compagnies. Ces charges étaient nombreuses, et quelques-unes, acceptées parfois légèrement, étaient véritablement onéreuses. Nous ne pouvons les énumérer toutes ici, nous en citerons seulement quelques-unes à titre d'exemple.

C'était d'abord l'obligation de « planter » dans les colonies la religion catholique, ce qui entraînait le choix et l'entretien de chapelains, des concessions de terre aux congrégaions religieuses, etc. C'était ensuite l'obligation de transporter aux colonies des habitants en nombre considérable, parfois jusqu'à plusieurs milliers par an, et non seulement des colons, mais aussi des nègres de culture ; puis ces colons, l'obligation de les nourrir et de les entretenir pendant trois années — plus tard, pendant dix-huit mois seulement, — et, au bout de ce temps, de leur donner des terres défrichées en quantité suffisante pour assurer leur subsistance ; enfin, certaines Compagnies devaient — mais c'est là une clause assez rare — donner à l'État une fraction de leurs bénéfices.

Quelques-unes de ces charges, je le répète, étaient fort lourdes, et pouvaient même devenir ruineuses. Toutefois ce ne sont pas elles qui ont

causé la ruine des Compagnies. Et il y a de cela
une raison décisive : c'est que presque aucune
de ces charges n'a été exécutée intégralement.
Ce qui a causé la ruine des Compagnies, c'est
que ces Compagnies n'ont pas fait d'affaires, ou
n'ont pas fait autant d'affaires, ou n'ont pas fait
le genre d'affaires qu'elles auraient dû; et elles
ne les ont pas faites pour une foule de causes
qui n'ont, le plus souvent, rien de commun avec
les charges qui leur étaient imposées.

Parmi ces causes — nous en sommes aux
causes imputables aux chartes ou au principe
même des Compagnies, — il en est une qu'il ne
faut pas oublier, quoiqu'elle ne soit pas appuyée
sur des faits et des chiffres précis et positifs, et
qu'elle se rencontre d'ailleurs dans une foule
d'entreprises, c'est que ces Compagnies avaient
à faire vivre trop de monde : elles devaient
rémunérer les capitaux des actionnaires, fournir
des rentes aux grands seigneurs concessionnaires de certains droits déterminés; enrichir les
colons (habitants) par la culture, et les négociants par le commerce; payer des redevances et
des impôts à l'État, et soutenir parfois des Compagnies annexes, en leur achetant fort cher des

objets de première nécessité : par exemple, les nègres de culture.

Tout cela, à la rigueur, eût été possible : c'est en effet ce qui se passe chez la plupart des nations de nos jours. Les agriculteurs, les industriels, les négociants, et vingt autres classes de citoyens s'enrichissent par leur travail et, en outre, payent des redevances aux propriétaires du sol, des revenus aux rentiers et autres capitalistes, et des impôts à l'État.

Mais ce qui est possible à une nation, qui a l'avenir devant elle, pour qui le temps ne compte pas et qui n'arrive, d'ailleurs, à cette prospérité qu'après des siècles de privations, d'épargne, etc., est, au contraire, à peu près interdit à des Compagnies qui ont seulement devant elles un privilège de vingt, de quarante années (la seule Compagnie des Indes de 1725 avait un monopole perpétuel). Ces compagnies ne peuvent plus alors compter sur le lent travail du temps, sur les efforts accumulés des générations; elles spéculent, elles doivent spéculer sur l'imprévu, sur les aventures, sur la rareté de leurs denrées, sur l'absence de concurrence, en un mot sur l'extraordinaire. Or, l'extraordinaire, par définition, est rare et bref : pour cette seule raison, en admettant que, par fortune, les premières d'entre les Compagnies privilégiées eussent réussi, celles, beaucoup plus nombreuses, qui ont suivi, devaient succomber.

A cette raison générale venaient s'ajouter bien des raisons de détail.

Ouvrez les cartes du monde, et mesurez, et comparez à nos pays d'aujourd'hui l'étendue des territoires concédés aux Compagnies avec un monopole exclusif d'exploitation. Voici la Compagnie du Sénégal : un arrêt du Conseil, du 12 septembre 1684, constate que cette Compagnie a le monopole de toute la côte d'Afrique depuis le Sénégal jusqu'au cap de Bonne-Espérance, et que cette étendue excessive l'a empêchée d'exploiter sa concession, et a permis aux étrangers d'y faire de nouveaux établissements; en conséquence, il révoque une partie des privilèges concédés et réduit la Compagnie au seul Sénégal jusqu'à la rivière de Gambie. Voici encore la fameuse Compagnie des Indes orientales de 1719 : elle réunit successivement les privilèges de la Compagnie de la Louisiane, de 1717; de la Compagnie des Indes, de 1664; de la troisième

Compagnie de Chine, de 1715; de la Compagnie du Sénégal et du Cap Vert, de 1696; de la Compagnie de Saint-Dominique, de 1698; le monopole des côtes de Guinée, dont le trafic avait été libre, de 1716 à 1720 [1]; enfin, le monopole du commerce des castors. Englobée dans la ruine du système de Law (1721), elle est réorganisée en 1723, munie des mêmes privilèges, et, en plus, du monopole du commerce du café. Et si l'on veut savoir sur quels territoires cette fusion de tant de privilèges divers lui donne juridiction, l'article 6 de l'édit de juillet 1720 nous apprend qu'elle aura le droit de négocier seule « depuis le cap de Bonne-Espérance jusque dans toutes les mers des Indes orientales, îles de Madagascar, de

---

1. Cette liberté, concédée à tous les sujets du roi, avait amené des résultats imprévus et qui confirment ce que nous disons dans une précédente section, à savoir que le monopole concédé aux compagnies avait eu pour cause de remédier aux effets ruineux d'une concurrence acharnée. *Arrêt du Conseil du* 27 septembre 1720... « Sa Majesté étant informée qu'au lieu des avantages qu'elle attendait de cette liberté générale, il en résulte de très grands inconvénients : le concours de différents particuliers qui vont commercer sur cette côte et leur empressement à accélérer leurs cargaisons pour éviter leurs frais de séjour, étant cause que les naturels du pays font excessivement baisser le prix des marchandises qu'on leur porte et tellement surachéter les nègres, la poudre d'or et les autres marchandises qu'on va y chercher, que le commerce y devient ruineux, Sa Majesté a résolu... »

9.

Bourbon et France, côte de Sofala en Afrique,
mer Rouge, Perse, Mogol, Siam, la Chine et le
Japon, même, depuis les détroits de Magellan et
de Lemaire, dans toutes les mers du Sud »; à
quoi il faut encore joindre la côte occidentale
d'Afrique, et même Alger et Tunis, aux termes
des traités avec les puissances barbaresques.

Comment une Compagnie pourrait-elle suffire
à exploiter même superficiellement plus de la
moitié du monde? Elle ne peut alors qu'éparpiller
ses efforts et, au lieu d'exploiter effectivement,
que passer son temps et dépenser sa peine à
poursuivre et à traquer ceux qui exploitent à sa
place. L'impossibilité même où elle est de tirer
parti de son monopole encourage les entreprises
de ceux que ce monopole irrite ou lèse, et ces
entreprises, heureuses pour la plupart, dimi-
nuent nécessairement la valeur de la partie du
monopole que les Compagnies exploitent. Perte
pour tout le monde, ruine pour les Compagnies,
telle est la conséquence de cet excès dans l'étendue du privilège.

Par surcroît, ces Compagnies avaient été
encombrées de pouvoirs, qu'on appelait des
faveurs, et qui n'étaient pour elles que l'occasion

de dépenses et de dangers : je veux parler de
la délégation que leur consentait le roi de quelques-uns de ses pouvoirs souverains. Ces pouvoirs consistaient principalement dans le droit
de lever des impôts, d'entretenir des armées et
des flottes, de faire la guerre, de passer des
traités, etc. Qu'avaient besoin de pouvoirs si
exorbitants et si dangereux des Compagnies de
colonisation et de commerce, dont la paix était
le principal auxiliaire? Les Compagnies n'en
avaient ordinairement pas besoin; mais les rois
peut-être avaient besoin qu'elles les eussent.
Grâce aux pouvoirs qui leur étaient concédés,
grâce à l'usage imprudent qu'elles ne pouvaient
manquer d'en faire dans des pays lointains et
parmi des populations primitives (nous savons
comment même aujourd'hui on en use avec
elles), ces Compagnies de colonisation et de
commerce devaient fatalement se transformer en
Compagnies de conquête, et nos rois, se souve-
nant des exploits des Cortez et des Pizarre, prêts
à désavouer les Compagnies s'il le fallait, mais
aussi à les soutenir si cela était utile et possible,
leur déléguaient très volontiers des pouvoirs
dont l'usage ne devait — calcul d'ailleurs souvent

trompé — vraisemblablement profiter qu'à eux
seuls. En sorte que les Compagnies ne faisaient
pas de commerce et ne colonisaient pas, mais
se lançaient dans des conquêtes qui épuisaient
bientôt leurs ressources, et finissaient par faire
appel au Trésor royal, ce qui les mettait dans la
main du roi. La délégation des pouvoirs souverains était, de toute façon, une cause de ruine
pour elles.

Nos rois, d'ailleurs, ne se sont à aucune
époque montrés bien jaloux de maintenir leurs
droits à l'égard des Compagnies. Nous venons de
voir qu'ils leur abandonnaient volontiers leurs
pouvoirs souverains; d'autres pouvoirs, les pouvoirs de contrôle et de surveillance, qu'ils
s'étaient réservés, ne semblent pas avoir été ou
même avoir pu être exercés efficacement. Le
roi, par exemple, s'était réservé le droit de
nommer des officiers de justice souveraine. J'ai
déjà expliqué l'utilité, la nécessité même de ces
cours souveraines dans les territoires des Compagnies. La justice ordinaire était rendue par
des juges aux gages des Compagnies, qui, en
mettant même les choses au mieux, pouvaient
n'être pas très libres envers ces Compagnies. En

conséquence, des juges d'appel, des juges souverains nommés et payés par le roi semblaient
indispensables. Et le roi se réserve effectivement
le droit d'en nommer. Mais, à diverses reprises,
on constate que, dans plusieurs colonies dépendant des Compagnies, il ne fait pas usage de ce
droit, surtout durant les premiers temps. Plus
tard, il est vrai, les cours souveraines furent ins-
tituées partout ; mais, quand elles le furent, leurs
membres, présentés au roi par la Compagnie,
étaient aussi payés par elle, et dès lors la garantie
cherchée dans l'institution de ces cours souveraines était jusqu'à un certain point diminuée.

Il en était de même des gouverneurs des colonies : ils étaient agents du roi, mais c'était la
Compagnie qui les présentait et qui les payait.
Le contrôle que le roi s'était réservé d'exercer
risquait donc d'être, parfois, inefficace et les
affaires de la Compagnie ne pouvaient qu'y
perdre. Il est vrai — et nous le montrerons plus
tard — que le roi qui n'usait pas des droits que
les chartes lui reconnaissaient, s'en arrogeait
d'autres qu'elles semblaient, au contraire, lui
refuser et même lui interdire.

Voilà déjà, parmi celles qui sont imputables

aux chartes, bien des causes : durée trop courte, étendue trop vaste, délégation périlleuse des pouvoirs souverains, insuffisance du contrôle de l'État, voilà bien des causes d'insuccès pour les Compagnies. Nous n'en avons pas encore épuisé la liste.

La population qui devait cultiver et mettre en valeur les colonies, le recrutement n'en était pas de tous points satisfaisant. Les colons que les Compagnies s'étaient engagées à faire passer dans les territoires à elles concédés, n'étaient pas tous empruntés aux meilleurs éléments de la métropole. Le roi avait prévu que, pour les garnisons et surtout pour les travaux publics, les Compagnies pourraient « se prévaloir des vagabonds, personnes oiseux et sans aveu, tant ès villes qu'aux champs, ensemble des condamnés au bannissement perpétuel ou à cinq ans au moins, hors du royaume ». Les Compagnies se prévalurent un peu trop de cette permission et, en guise de colons, envoyèrent force gens qui « portaient avec eux la fainéantise et leurs mauvaises mœurs ». Ce ne fut qu'en 1722 qu'un édit interdit l'immigration aux colonies des vagabonds et gens sans aveu.

Une autre cause de faiblesse et, si ce n'était crainte d'être mal compris, on dirait presque de ruine, était la disproportion des femmes aux hommes. On peut affirmer qu'aucun élément n'est plus utile à une bonne et saine colonisation que la présence de femmes honnêtes et laborieuses en nombre, je ne dis pas égal, mais à tout le moins proportionné à celui des hommes. Nos rois ne l'ignoraient pas : la difficulté était de trouver des femmes, de la qualité requise, pour aller peupler les colonies. Quand, par hasard, il s'en présentait, elles se faisaient tout de suite, par mariage ou autrement, une position honorable et sortable. C'est dire qu'elles étaient rares. Les femmes que la métropole envoyait ordinairement aux colonies étaient, suivant le terme de l'époque, des filles de joie (rappelez-vous l'histoire de Manon Lescaut), que les colons accueillaient volontiers, mais dont il n'était plus question de faire des épouses et des mères de famille. Dans ces conditions, la population ne s'accroissait pas comme elle eût pu le faire, et surtout ne s'enrichissait pas d'assez d'éléments vigoureux et productifs.

Par malheur, une autre cause enlevait encore

aux colonies une partie de leurs forces vives. Je
veux parler des biens de mainmorte que les congrégations avaient, en peu d'années, constitués
sur un pied considérable. La foi et la propagation
de la foi étant, dans les premiers temps, l'objet
principal, et, plus tard, étant demeurées l'un des
objets principaux de la colonisation, les Compagnies, de par leurs chartes, et le roi, spontanément, avaient établi dans les colonies un nombre
important de religieux des divers ordres.

Ces religieux ne donnaient pas toute satisfac-
tion au roi ou aux Compagnies. Dans une lettre
de 1666, due au sieur Legouz de Laboulaye et
adressée au roi, voici, parmi les mesures propres
à faire prospérer les Compagnies, ce qui est dit
au sujet des religieux : « Changer les religieux
ou aumôniers de place de trois ans en trois ans,
et, s'ils ne font ce qu'ils doivent ou qu'ils soient
incorrigibles par leurs calculs, les ramener en
France à leurs supérieurs pour les mettre en
place. » Malgré ces justes motifs de plaintes, ni
le roi ni les Compagnies ne songeaient à se
passer de leur ministère.

Ils les avaient d'abord nourris et subven-
tionnés; plus tard, ils leur avaient concédé des

terres. Les particuliers, dans la métropole et dans les colonies, s'étaient associés à leurs efforts, et, par dons, legs, fondations, avaient fini par accumuler entre les mains des diverses congrégations : jésuites, carmes, capucins, etc., des biens immobiliers et mobiliers pour des sommes énormes. Si l'on veut en avoir une idée au moins approximative, que l'on consulte les documents relatifs à l'expulsion des jésuites en 1762. Rien que dans l'île de Saint-Dominique, ils possédaient des meubles et des immeubles valant, d'après l'estimation même du roi, qui, de son autorité privée, s'en portait seul et unique acquéreur, 1 100 000 livres, 300 000 livres la maison et les deux halles et 800 000 le reste.

Et cependant, bien avant la date de l'expulsion des jésuites, les rois avaient pris des mesures pour empêcher cette accumulation entre les mains des congrégations des biens de mainmorte. En 1703, Louis XIV avait décrété que chacun des ordres religieux établis dans les îles ne pourrait étendre ses habitations au delà de ce qu'il faudrait de terre pour employer 100 nègres. En 1721, le Régent avait ordonné qu'ils ne pourraient faire à l'avenir aucune acquisition, soit de terres, soit de maisons, sans sa permission expresse et par écrit. Malgré ces deux défenses, les choses avaient continué comme par le passé. Aussi, en 1743, pour empêcher qu'ils ne « multiplient des acquisitions qui mettent hors du commerce une partie considérable des fonds et domaines de nos colonies et ne peuvent être regardés que comme contraires au bien commun », Louis XV avait décidé qu'à l'avenir il ne serait plus fait aux colonies aucune fondation de maisons ou communautés religieuses, et que les communautés établies avant 1743 ne pourraient acquérir ni posséder aucuns biens meubles, immeubles, habitations, maisons ou héritages *situés aux dites colonies ou dans le royaume*, de quelque nature et qualités qu'ils puissent être, si ce n'est par permission expresse, délivrée en forme de lettres patentes et enregistrées par les cours souveraines. Les prête-noms, les personnes interposées seraient poursuivis ; les héritiers des personnes qui leur auraient fait, contrairement à ces dispositions, des legs ou donations, pourraient en revendiquer les objets, etc.

Mais les dispositions de Louis XV, d'ailleurs tardives en ce qui concerne les Compagnies, dont la floraison s'était épanouie aux environs de 1690, n'avaient pas été beaucoup mieux observées que celles du Régent et de Louis XIV, et les colonies avaient vu se constituer d'immenses domaines peu productifs pour l'État et peut-être même pour leurs propriétaires.

Telles sont les principales causes d'insuccès, dont l'origine première est soit dans la charte, soit parfois dans le principe même des Compagnies privilégiées.

§ 2. *Causes imputables au roi et à sa politique.*

SOMMAIRE. — Ingérence abusive du roi et de ses agents dans les affaires des Compagnies ; — la politique du roi : la guerre ; la politique économique : les colonies *versus* la métropole ; — la politique fiscale : les nécessités fiscales et l'esprit de fiscalité ; — la politique religieuse : les religionnaires et les juifs ; — les intrigues.

Les Compagnies de colonisation, nous l'avons vu, sont des Compagnies de la forme qu'on appelle aujourd'hui anonyme. Des actionnaires, qui n'ont entre eux d'autre lien que celui de s'intéresser, chacun pour sa part, à une entreprise de colonisation, ont souscrit des actions pour des sommes variables. Ces actionnaires se réunissent sur une convocation des promoteurs de l'affaire et nomment des directeurs. Ces directeurs, renouvelables suivant certaines conditions, ils les choisissent en toute liberté; quelques chartes stipulent seulement que dans le nombre (d'ailleurs variable, 3, 4, 9 et davantage) quelques-uns devront être des marchands. Les directeurs tiennent de la charte des pouvoirs déterminés; ils ont la gestion de la société et, tous les ans, en rendent compte devant une assemblée générale, qui les approuve ou les blâme.

Voilà la notion sommaire : union spontanée d'actionnaires libres, avec des directeurs libres, que beaucoup de chartes permettent de se faire de l'administration intérieure des Compagnies. Malheureusement, c'est là une notion à quelques égards théorique.

Trop souvent, les promoteurs des Compagnies sont des personnes qui ne se sont pas spontanément réunies pour lancer une affaire : elles y ont été invitées, souvent d'une manière pressante, par le roi.

Lisez, par exemple, le préambule de la charte de la troisième Compagnie du Sénégal : le roi déclare qu'ayant constaté que la Compagnie de

1681 a souffert tant de pertes parce qu'elle était
peu instruite de la manière dont il fallait conduire
le commerce, il a « choisi de ses sujets qui lui
ont paru les plus propres et en a formé une nouvelle Compagnie ».

Lisez encore l'arrêt du Conseil d'État du 9 juillet 1701 sur la Compagnie de Guinée : le roi
déclare que ceux qui composaient jusqu'ici la
Compagnie étant ou morts ou incapables, il leur
en a subrogé d'autres, sommairement désignés,
qui *consentent*.

Voilà pour les promoteurs des entreprises.
Pour les actionnaires, nous avons vu combien
de souscriptions ont été tout le contraire de libres,
et que d'efforts le roi a faits pour les arracher
à tous ceux qui dépendaient, à un titre quelconque, de lui.

Et maintenant voici pour les directeurs. Ils
doivent être élus par les actionnaires : lisez,
dans M. Pauliat[1], qui n'est pas toujours impar-
tial, mais qui, cette fois, cite des documents
dignes de toute créance, comment fut faite l'élec-
tion des directeurs de la Compagnie des Indes

---

1. Pauliat, *Louis XIV et la Compagnie des Indes orientales*,
p. 188 à 190.

orientales de 1664 et combien peu libre fut la désignation de presque tous les directeurs nommés. L'un d'entre eux fut Colbert. Qu'on juge de la liberté des autres à côté de lui. Une autre fois — lisez les lettres patentes de la troisième Compagnie du Sénégal (mars 1696), — un directeur est conseiller secrétaire du roi et a acquis par son ordre le privilège de l'ancienne.

Des directeurs ainsi choisis ne devaient pas être bien libres de leurs mouvements; sans cesse le roi devait leur signifier ses volontés. C'est eux qui avaient — toujours théoriquement — la nomination de leurs agents aux colonies. Mais il fallait que ces agents fussent agréables au roi. Le roi apprend, par exemple (arrêt du 12 septembre 1684), que diverses Compagnies envoient « des commis de la religion prétendue réformée, auxquels ils ont donné leurs principaux emplois ». Il ne s'enquiert pas si ces commis sont capables, ce qui devait être le cas, les réformés ayant témoigné universellement d'aptitudes étonnantes pour les affaires : peu importe au roi : « cela est contraire aux intentions de S. M., qui a pour principal objet... dans ces lieux, d'établir la religion catholique. » Aussi, défense de continuer, à peine de 3000 livres d'amende.

Et ce n'est pas là une exception. Partout l'ingérence du roi. Et partout cette ingérence ruinait les Compagnies [1].

En 1670, la Compagnie du Nord, fondée en 1669, ne peut, après des affaires médiocres, distribuer, au bout d'une année, qu'un dividende de 4 pour 100 : Colbert prescrit (lettre du 23 janvier 1671) la distribution d'un dividende supérieur. Cela hâte une chute d'ailleurs imminente.

Quand ce n'était pas l'ingérence du roi qu'on redoutait, c'était celle de ses lieutenants. Lieutenants, avec des titres et des rôles bien différents, capitaines escortant les bâtiments de commerce, ou lieutenants généraux commandant les troupes

---

1. « Parmi les causes qui avaient précipité la Compagnie des Indes (orientales de 1719) dans l'abîme où elle se trouvait, il y en avait une, regardée depuis longtemps comme la source de toutes les autres : c'était la dépendance ou plutôt la servitude où le gouvernement tenait ce grand corps depuis un demi-siècle. Dès 1723, la cour avait elle-même choisi les directeurs. En 1730, un commissaire du roi fut introduit dans l'administration de la Compagnie. Dès lors, plus de liberté dans les délibérations; plus de relations entre les administrateurs et les propriétaires; aucun rapport immédiat entre les administrateurs et le gouvernement. Tout se dirigea par l'influence et suivant les vues de l'homme de la cour. » (Raynald, *Histoire philosophique*, liv. IX, chap. XIV.)

dans les territoires des Compagnies, ou fonctionnaires quelconques tenant leurs instructions du
roi et pouvant contrarier l'action des Compagnies, tous — sauf durant une très courte période
du règne de Louis XIV, où l'on avait tout
subordonné aux directeurs des Compagnies —
étaient des objets de terreur et de haine pour les
marchands et pour les directeurs. Lors de la formation des premières Compagnies, qui étaient
surtout des Compagnies de commerce, les marchands priaient Richelieu de ne pas donner le
commandement de leurs convois à des capitaines
de mer : « L'expérience, disaient-ils, leur a appris
(à eux, marchands) à connaître leur mauvaise
volonté et leurs exigences, et tant s'en faut que
les marchands en reçoivent soulagement, qu'au
contraire leur condition en empirera. » Plus
tard, en 1663, les marchands de Tours, Nantes,
La Rochelle, etc., qui pressaient le roi de faire
une grande Compagnie coloniale (ce furent celles
des Indes orientales et des Indes occidentales),
s'expriment ainsi dans leur pétition : « Ils proposent un même dessein que celuy qui avait esté
accepté par M. Fouquet, qui estait de former
une Compagnie soubs l'autorité du roi et *unique-*

ment la conduite et bonne foy desdits marchands, qui autrement n'auraient pas voulu s'y engager à cause des grands fraits et inconvénients qui arrivent quand les officiers s'y meslent. » Et plus loin, dans la même pétition, invoquant l'exemple des Compagnies hollandaises et autres : « Ce qu'il faut le plus remarquer, c'est que tout se fait et conduit par le ministère des marchands seulement, sans participation d'officiers et de bonne foy, soubs l'autorité qui leur est concédée ou par leurs Roix ou leurs États, qui leur donnent des prérogatives nécessaires. »

En vérité, quelle que soit la compagnie dont on étudie l'histoire et à quelque époque que ce soit, on trouve des conflits entre les agents des compagnies et les officiers du roi. Le chevalier de Boufflers, le charmant ami de Mme de Sabran, à laquelle il écrivait (1786) du Sénégal des lettres délicieuses, pleines d'esprit et de sens, a caractérisé en termes frappants les relations des compagnies et des officiers du roi. J'étais, écrit-il, toujours en guerre avec les compagnies : « par état, devoir et surtout par les circonstances. »

S'il n'y avait eu que le roi et ses lieutenants

civils et militaires, les Compagnies auraient
peut-être encore pu s'en tirer. Mais il y avait
la politique du roi : politique proprement dite,
politique économique, fiscale, religieuse.

Ouvrez les recueils de lois des colonies : ce
que vous y voyez le plus fréquemment peut-être,
ce sont des textes qui prévoient une guerre future
ou visent une guerre terminée. De 1676 à 1763,
les textes de cette catégorie sont innombrables :
milices qu'il faut organiser, équiper, exercer;
fortifications à réparer ou à augmenter; subsistances des troupes; escorte des convois; escadres
qui surviennent; chefs militaires de haut grade
qui prendront le commandement; sacrifices
qu'on demande aux Compagnies et aux colonies; la liste en est interminable. Voici, par
exemple, deux textes voisins du traité d'Utrecht :
l'un constate que « les quartiers dépendant du
ressort de ce conseil (à Saint-Domingue) ont
souffert beaucoup par l'irruption des ennemis de
l'État, qui, à deux différentes fois, ont ruiné
toutes les habitations et réduit la colonie dans le
plus triste état » (août 1717). Et le second, de
la même date, ajoute que les colons n'ont, pour
différentes causes, pu cultiver que le sucre,

« dont le débit a été interrompu et si peu recherché que, pendant plusieurs années, l'habitant
était forcé de voir périr chez lui les sucres qu'il
avait fabriqués avec des peines et des dépenses
infinies, faute d'avoir du débouchement ». Et
bien des années avant 1717, le roi avait été
informé « de la nécessité qu'il y a de faciliter
promptement aux colonies des Isles de l'Amérique les moyens de rétablir leur habitation et
les cultures, beaucoup diminuées par la guerre ».
(Mai 1698, février 1699, *arrêts* du Conseil d'État.)

Après la guerre, la politique économique.
Cette politique a deux aspects : le commerce
avec l'étranger — j'en parlerai plus tard — et
le commerce, les relations économiques de la
métropole et des colonies. Au début, on promettait aux colons mille avantages et mille
faveurs : il s'agissait de *fonder* les colonies : mais
plus tard, on ne supportait pas — et la théorie
n'a pas changé depuis lors — que les colonies,
une fois fondées, apportassent le moindre ennui
aux métropolitains. Or, ces colonies naturellement grandissent et font concurrence à la
métropole. Cela n'est pas tolérable ; cela ne sera
pas toléré.

Un arrêt du Conseil d'État autorise les négociants français (comprenez les négociants du royaume) à transporter en nature les sucres de nos îles dans les ports d'Espagne. Les négociants de nos îles réclament le même droit : on le leur refuse, sans motif. Le motif, toutefois, pouvait être que les colons étaient, à certains égards, déjà favorisés par des exemptions ou des réductions de droits. Mais voici où l'on ne trouve même plus d'excuse et où l'injustice éclate. Le sucre a pris dans ces îles une très grande importance. L'agriculture et l'industrie y trouvent également leur profit : on plante la canne et on en extrait le sucre, et ce sucre on le raffine. Fort bien. Mais, en 1698 (26 février), le roi invite son lieutenant à détourner les habitants de la culture du sucre et à les engager à cultiver le tabac, le coton, le cacao, l'indigo, etc. Pourquoi? C'est que la métropole ne peut déjà consommer tout ce que les îles produisent et que les îles n'ont pas intérêt à produire au delà de ce que consomme la métropole, puisqu'elles n'ont pas le droit de vendre à d'autres qu'à la métropole.

Mais il y a mieux. Les sucres bruts transportés en France ont donné naissance à des raffineries.

Cela est à merveille. Mais voici que les colons
se mettent à raffiner eux-mêmes leur sucre, ce
qui leur procure un double profit : profit indus-
triel et économie sur le fret. Malheureusement
ce qui enrichit les colons appauvrit les raffineurs
français, et en conséquence, défense d'établir
aux îles de nouvelles raffineries, parce que déjà
les raffineries du royaume n'ont plus d'ouvrage
(21 janvier 1684).

La compagnie des Indes, si puissante pourtant,
rencontra les mêmes obstacles. Elle importait
des étoffes, soieries ou toiles peintes, qui faisaient concurrence aux produits de nos manufactures. Les villes industrielles s'en plaignaient
constamment au roi. En 1701, le député du commerce de Lyon se plaignait publiquement que
les étoffes des Indes fussent préférées en France
à raison de leur bon marché. En 1702, nouvelle
réclamation. Finalement, en 1720, un arrêt du
conseil interdisait à la Compagnie de vendre
ces étoffes en France, autrement que pour les
faire ensuite passer à l'étranger.

Ainsi le voulait — dès ce temps-là — la protection de l'industrie nationale [1].

1. « Les financiers, appuyés par ces vils associés qu'ils ont

Jointe à la guerre, cette mauvaise politique eût suffi à ruiner les Compagnies et leurs colons. Et je ne dirais rien des autres causes que j'ai annoncées, et qui sont effectivement beaucoup moins importantes, si je ne tenais à montrer sous combien de tracasseries et d'entraves les Compagnies et les colonies avec elles ont succombé.

Parmi ces causes, la politique fiscale du roi et de ses subordonnés. Les Compagnies, les colons et négociants qui s'y rattachaient, devaient, en principe, être exemptés, en tout ou en partie, d'une foule de droits et d'impôts. Le tabac, par exemple, était dès le commencement du xviiᵉ siècle soumis, à son entrée en France, à un droit d'entrée de 30 sols; mais celui qui venait des îles en était exempt (1629). De même, l'indigo, le sucre des îles, avaient droit à une remise d'impôt de moitié. Les subsistances à destination des

en tout temps à la cour, tentèrent, sous *le spécieux prétexte de favoriser les manufactures nationales*, d'anéantir le commerce de l'Inde. Le gouvernement craignit d'abord de s'avilir, en prenant une conduite opposée aux principes de Colbert, et en révoquant les édits les plus solennels; mais les traitants trouvèrent des expédients pour rendre inutiles les privilèges qu'on ne voulait pas abolir... On surchargea successivement de droits tout ce qui venait des Indes. » (Raynald, *op. cit.*, liv. IV, chap. viii.)

colonies étaient encore déchargées de tous droits, même des droits levés au profit des villes. Même décision pour les droits et péages sur la Seine et sur la Loire, etc., etc.

Tel était le principe. Mais il comportait de nombreuses exceptions, qui, avec le temps, devinrent presque la règle. Tout d'abord, si précis que fussent les textes qui consacraient ces faveurs, il y avait des gens qui étaient intéressés à en nier la portée : c'étaient les fermiers des impôts. Ils trouvaient toujours un prétexte pour échapper à l'application des mesures prises par le roi, et il fallait alors, ce qui ne se faisait ni vite ni gratuitement, obtenir une décision nouvelle et formelle. En vue de ces chicanes, les édits royaux portaient : « et sera le présent arrêté exécuté nonobstant opposition et empêchements quelconques. » Alors les fermiers se tournaient d'un autre côté et faisaient décider que les exemptions devraient être sans difficulté accordées à quiconque produirait un certificat de l'autorité compétente. C'était, en apparence, l'abandon formel des prétentions des fermiers : seulement ces certificats, qui devaient lever toute difficulté, étaient fort difficiles à obtenir.

De plus, quelles que fussent la bonne volonté et la générosité du roi, les événements étaient plus forts que lui. Les marchandises, un moment exemptées, étaient plus tard soumises à des droits, et à des droits si forts que, dans un arrêt du 10 décembre 1670, le roi en son conseil reconnaissait « que l'excès des droits qui sont sur les sucres et petuns venant des îles et colonies françaises de l'Amérique est si grand à proportion de leur valeur qu'il est impossible que les habitants en apportent en France et puissent continuer la culture de leurs terres ». En conséquence, quand les circonstances le permettaient, on réduisait les droits. Mais bientôt « Sa Majesté étant obligée de faire de grandes dépenses pour soutenir la guerre contre la plus grande partie de l'Europe, outre celles qu'il convient de faire pour la conservation des îles », ordonnait d'augmenter d'un tiers, d'un quart, de moitié, de doubler même les droits jusqu'alors perçus [1].

Enfin, à côté de ces droits d'entrée et de sortie, les colons des îles en payaient une foule

1. Cf. 17 mars 1665, articles 10, 15, 19; réduction constante des avantages accordés aux colons.

d'autres soit à la Compagnie, soit au roi ou à ceux à qui il les avait délégués. La liste des impôts levés à ces titres sur les colons est fort longue : droit de capitation, droit de petun, droits de poids et d'ancrage, droits de greffes, droits de justice, droits curiaux, droits des cinquante pas du roi, droits d'aubaine, de sauvetage, de confiscation, droits de vigie, droits de notariat, droits de l'amiral, droits du capitaine du port, droit du port, droit d'usage sur les nègres, droits de mutations, droits de lods et ventes, droit du prévôt de maréchaussée, taxe sur les maisons, biens vacants, droits de prises, droits de congé sur les vaisseaux, etc. Et ces droits qui — de par l'organisation en vigueur dans certaines îles — devaient fournir une somme fixée, étaient d'autant plus lourds que beaucoup en étaient exempts. La liste et la variété des cas d'exemptions défient l'énumération : ecclésiastiques, nobles, femmes et filles blanches, femmes et filles créoles, officiers de milice, juges, procureurs du roi, greffiers, visiteurs de petuns, veuves des officiers, etc., etc. : tous, pour un motif ou pour un autre, étaient exacts.

11.

Tout cela n'était pas fait pour enrichir le pays. Par surcroît, la politique religieuse du roi venait, au moins d'une façon intermittente, éloigner et même chasser de l'île deux catégories de colons, qui eussent été, leurs rares aptitudes le prouvent, d'incontestables éléments de succès : les juifs et les religionnaires.

A vrai dire, la politique du roi n'était pas, en ce qui les concernait, bien arrêtée. J'ai précédemment cité un arrêté qui défendait d'inquiéter les juifs de la Martinique. Cet arrêté en rapportait un autre de 1658 (14 février) qui leur interdisait de faire le voyage dans les îles à peine de confiscation. Mais le dernier arrêté était lui-même rapporté en 1683 (30 septembre). Les juifs devaient sortir des îles dans le délai d'un mois. Aux environs de 1683, 1684 (c'était bien peu de temps avant la révocation de l'édit de Nantes), la politique religieuse du roi était très décidément sévère contre les ennemis de la religion catholique : juifs et religionnaires. Aux religionnaires, il ne fallait (également 30 septembre 1683) ni permettre l'exercice de leur culte, ni donner aucun emploi dans les fermes, ni concéder aucune habitation sans une expresse permission du roi. Un peu plus tard (12 septembre 1684), les titulaires d'emploi dans les fermes étaient révoqués. Puis le temps passe. En 1687, la révocation de l'édit de Nantes apparaît peut-être déjà au roi comme une faute. En tout cas, ces religionnaires qu'il chasse de France, s'il ne peut les convertir, il veut, aux colonies, si l'on ne peut les convertir, qu'on prenne « toutes précautions qu'ils n'abandonneront pas les îles, parce qu'outre qu'ils seraient perdus pour la religion, ce serait une fort grande perte pour la colonie ». En 1688, il va plus loin, il ne veut plus qu'on les chasse; il veut qu'on les force à se faire habitants, et, pour les y engager, il leur offre l'exemption durant une année du droit de capitation. Mesures tardives, mesures contradictoires qui, enlevant aux réformés toute confiance, toute sécurité, ne pouvaient les attacher à la colonie.

Enfin, à tant de raisons qui gênaient, appauvrissaient, désaffectionnaient les colons, venaient s'en joindre d'autres qui inquiétaient, paralysaient, ruinaient les Compagnies : c'étaient ces intrigues de cour qui, le privilège de la Compagnie étant chose avantageuse, s'efforçaient de faire conférer ce privilège à d'autres.

Dans son étude sur l'Acadie[1], M. Rameau Saint-Père a montré le brave Poutricourt, dépouillé sous un roi qui s'appelait lui-même Henri le Juste, par une intrigue de cour, du territoire qu'il avait colonisé. On en pourrait citer bien d'autres exemples.

Saint-Domingue en fournirait d'assez curieux.

On sait quelle faveur Louis XIV avait montrée pour les Compagnies, nous n'avons pas à le rappeler. Vers la fin de sa vie, son zèle était passablement refroidi. Nous rencontrons, par exemple en 1713, un arrêt qui défend, au directeur de la Compagnie de Saint-Domingue, de rendre aucune ordonnance sans la participation du commandant du fort du Sud. Ce commandant était un militaire aux ordres du roi; le directeur était un civil aux ordres de la Compagnie : on imagine facilement combien l'accord entre eux devait être aisé.

Au lendemain de la mort de Louis XIV, mais dès le lendemain, ce qui n'était que de la sévé-

---

1. *Une colonie féodale*, l'Acadie, 2 vol. in-18, Plon, 1889.

rité devint de l'hostilité. Saint-Domingue était divisée entre trois pouvoirs : le Roi, la Compagnie, les Espagnols. Un arrêt du 22 septembre 1716 déclare que le domaine de la Compagnie sera désormais placé sur le même pied que le domaine du roi, et payera les mêmes impôts, pour éviter que les habitants du domaine du roi ne soient attirés sur le domaine de la Compagnie. A la même époque (28 octobre 1716), le gouverneur général reçoit l'ordre hypocrite de ne point agir contrairement aux intérêts de la Compagnie et de ne pas empêcher le lieutenant de roi de Saint-Louis d'exécuter les instructions que la Compagnie lui donne, « mais d'entendre les plaintes des habitants, si la Compagnie leur fait justice et de tenir la main à l'exécution des ordres, règlements et ordonnances de Sa Majesté ». Cela est clair. Cela l'est tellement, qu'au mois de décembre suivant (16 décembre 1716), la Compagnie, qu'on négligeait d'avertir « des ordres qui sont donnés dans sa concession, a pris le parti de charger l'officier (du roi) qui commandera l'île (la colonie) de Saint-Louis de la direction de ses affaires : ainsi il n'y aura plus de difficulté à cet égard. »

Malgré cette décision conciliante, en novembre 1717, nouvelles difficultés. Le conseil supérieur, ordinairement plus souple, « fait très expresses inhibitions et défenses à la dite Compagnie, de produire à l'avenir aucun règlement émané d'elle, qu'il ne soit au préalable approuvé de Sa Majesté ». Cela est effectivement bien pratique et propre à faciliter les affaires de la Compagnie ; mais le fait est qu'on ne tient pas à les faciliter. En octobre 1718, le roi, « ayant été informé des besoins pressants de la colonie de Saint-Louis, côte de Saint-Domingue, et du peu de soin que prend la Compagnie d'y remédier, quoique Sa Majesté lui ait accordé, en 1698, la permission d'y négocier à l'exclusion de tous autres », suspend, à partir du 15 novembre prochain jusqu'au 15 mai 1719 inclusivement, le privilège de la Compagnie. Enfin, en mai 1720, ce privilège est révoqué purement et simplement. Le roi rappelle que la Compagnie a été fondée en 1698, et constate que « cet établissement a eu tout le succès qu'on pouvait espérer, et que ces pays sont occupés de grand nombre de familles qui s'y sont établies » ; mais ce succès même est la cause de la révocation du privilège.

La population croissante, en effet, « peut occuper un plus grand nombre de bâtiments que la Compagnie n'est en état d'en envoyer ». La Compagnie pourrait peut-être augmenter le nombre de ses bâtiments, mais « elle craint de s'engager dans de nouvelles dépenses », et elle a « supplié Sa Majesté de lui rembourser tous les effets qui lui appartiennent tant en France qu'à Saint-Domingue et autres lieux et de lui accorder une indemnité pour la non-jouissance de son privilège ». Ce à quoi le roi consent, et, de plus, prend charge de continuer les affaires de la Compagnie (avril 1720).

Tout cela ne concorde pas très bien avec les documents cités plus haut, notamment avec l'Exposé des motifs de la suspension provisoire du privilège. Mais, à quelques semaines de là, tout s'explique : le privilège de la Compagnie de Saint-Domingue est transféré à la Compagnie des Indes, celle à laquelle on sacrifie tout et qui ruinera tout.

Et cela explique bien des choses. On dit souvent, en parlant de ces Compagnies de l'ancien régime : elles n'ont pas pu vivre. Il conviendrait souvent d'ajouter : parce que le roi les a tuées.

§ 3. *Causes imputables à la gestion des Compagnies.*

SOMMAIRE. — 1° impéritie; 2° mauvaise gestion financière; 3° mauvais régime économique; 4° attitude envers les indigènes et envers les colons.

Coloniser est une œuvre hérissée de difficultés. Quand on réfléchit à ce qu'elle exige de qualités : discernement, prévoyance, souplesse, fermeté, persévérance, on s'étonne moins des échecs qui jalonnent, à intervalles rapprochés, la grande route de la colonisation. Les Compagnies de colonisation étaient-elles aptes au rôle dont elles se chargeaient, étaient-elles à la hauteur de la tâche qu'elles assumaient? La réponse à cette question n'est pas aussi embarrassante qu'on pourrait le croire : ces Compagnies n'étaient pas à la hauteur de leur tâche.

Si l'on avait voulu fonder des Compagnies purement de navigation et de découvertes, voire de conquêtes, on eût trouvé des éléments à foison parmi nos marins, nos armateurs et nos gens de guerre. Si l'on avait voulu fonder des Compagnies purement de commerce, on en eût trouvé également parmi tant de négociants du royaume qui, aux époques dont nous parlons, comptaient parmi les plus entreprenants du monde et les plus avisés. Si l'on avait voulu fonder des compagnies purement agricoles, nos agriculteurs, les plus patients et peut-être les plus ingénieux de ce temps-là, y auraient réussi à merveille. Si, enfin, l'on avait voulu fonder des Compagnies purement de finance, nos fermiers généraux, nos intendants, nos trésoriers, qui faisaient alors l'admiration de l'Europe, y auraient vraisemblablement excellé. Mais, à de rares exceptions près, on voulut fonder des Compagnies tout à la fois de navigation, de découverte, de conquête, de commerce, de plantations et de finances, et l'on ne sut pas associer, au moins en nombre suffisant ou dans les proportions voulues, les talents multiples, empruntés à tant de classes diverses de la nation, qu'il fallait pour mener à bien cette œuvre complexe.

Assurément, si l'on faisait le dénombrement des promoteurs, des actionnaires, des directeurs, des agents des Compagnies de colonisation, on y trouverait bien des noms d'hommes ou éminents ou supérieurs.

Les annales de Marseille, de Bordeaux, du Havre, de Paris renferment des pièces tout à l'honneur des directeurs de certaines compagnies : tel ce Martin, de Marseille, qui, presque en un tour de main, rétablit les affaires de la compagnie du Levant (1775).

Ces armateurs de Saint-Malo, du Havre, de Rouen, ces agents qu'on emprunte, à prix d'or, aux Compagnies étrangères, ces capitalistes, ces conseillers du roi, ces ministres même, que nous trouvons associés aux Compagnies, ont tous quelques-unes des qualités indispensables à leur bon fonctionnement. Mais, d'une part, les gens de cour, les capitalistes, les gros marchands de Paris et des grandes villes ont souvent dans ces Compagnies un rôle considérable prépondérant; d'autre part, les souscriptions ne sont pas assez spontanées pour qu'on puisse librement, parmi les souscripteurs, choisir comme directeurs de ces compagnies les plus qualifiés par leurs talents et pour que les directeurs, une fois choisis, soient parfaitement indépendants. Trop de gens ont, de par leur argent ou de par la volonté du roi, une situation qui leur permet ou d'accepter les premiers postes ou de peser sur ceux qui les occupent. La direction n'a pas d'unité ; souvent même elle n'a ni sagesse ni prudence.

Il suffit de consulter les documents du temps pour s'apercevoir que ces observations sont fondées.

En 1701, le délégué de Nantes à l'assemblée (bureau du commerce) s'exprimait ainsi : « Le monopole accordé aux Compagnies est devenu nuisible : les Compagnies, composées principalement de Parisiens, étaient fort ignorantes sur le fait du commerce lointain. » Un autre expliquait, de cette façon originale, l'insuccès des compagnies d'Afrique formées par les Marseillais : « Tant que l'on s'amusera aux Marseillais, jamais de compagnies ; ils se sont tellement abâtardis à leurs bastides, méchants trous de maisons qu'ils ont dans ce terroir, qu'ils abandonnent la meilleure affaire du monde plutôt que de perdre un divertissement de la bastide. »

Et cette opinion, maint document officiel vient la confirmer. Dans la charte de 1635, qui rétablit la Compagnie des Isles de l'Amérique de 1626, il est dit que cette Compagnie de 1626 « a été comme abandonnée au moyen de ce qu'aucun des associés ne s'est donné le soin d'y penser, parce que les concessions accordées à la dite Compagnie n'étaient suffisantes pour les obliger de s'y appliquer sérieusement ». Dans la charte de 1664, relative à la même Compagnie, il est encore dit que les associés, « au lieu de s'appliquer à l'agrandissement de ces colonies..., d'établir dans cette grande étendue de pays un commerce qui devait leur être très avantageux, se sont contentés de vendre lesdites îles à divers particuliers, lesquels, s'étant seulement appliqués à cultiver les terres, n'ont subsisté, depuis ce temps-là, que par le secours des étrangers ». Ailleurs, au Canada, même conduite que le roi reproche aux colons : « Il ne suffit pas à ces Compagnies de se mettre en possession des terres que nous leur concédons et les faire défricher et cultiver par les gens qu'ils y envoient à grands frais, si elles ne se mettent en état d'y établir le commerce, par le moyen duquel les Français qui s'habitueront aux dits pays... » etc.

Ainsi le roi reproche aux Compagnies tantôt de ne pas s'intéresser à leur tâche, tantôt de n'en accomplir qu'une partie. Et le principal motif de leur apathie ou de leur inaction est presque toujours le même. « ... La Compagnie du Sénégal formée en 1681, *peu instruite de la manière dont il fallait le conduire* (ce commerce), a souffert plusieurs pertes qui l'ont mise hors d'état de le continuer » (*Charte* de mars 1676). C'est là un reproche général qui peut couvrir des erreurs nombreuses et différentes. Nous allons maintenant pénétrer dans le détail.

Et d'abord voyons la gestion financière. Dans cette gestion on ne sait quoi louer, si ce n'est la dextérité des promoteurs ou des directeurs à ne pas tenir leurs promesses. Nous savons par suite de quelle pression les souscriptions ont été obtenues. Or, à ces actionnaires, dont beaucoup ont été enrôlés presque par contrainte, on ne garde même pas la foi jurée. Dès le temps de la Compagnie des Indes orientales de 1664, on leur impose des charges imprévues, injustes et illégales : quand ils ont entièrement libéré leurs actions, on leur demande le quart en plus du capital nominal; et ceux qui ne payent pas sont déchus de leurs droits au bénéfice de ceux qui payent ce seul supplément. Un peu plus tard, on prétend répéter des dividendes payés dix ans auparavant.

Quand une fois on a leur argent, on s'en sert à sa guise et sans les consulter. Les assemblées

12.

annuelles des actionnaires prescrites par les chartes ou bien n'ont pas lieu ou bien sont dérisoires. Les directeurs sont tout-puissants, et loin de mettre les actionnaires au courant, de faire en quelque sorte leur éducation com-merciale, ils les tiennent dans l'absolue ignorance de leurs actes. Une fois embarqués dans cette conduite illégale, il ne leur est plus permis d'avouer des erreurs ou des échecs; ils ne peuvent plus proclamer que des succès, qu'annoncer et distribuer des bénéfices. Ces bénéfices même, ils les inventent parfois, ils les prélèvent sur les capitaux. Cela épuisait les fonds disponibles et comme, ainsi que nous l'avons expliqué précédemment, le mécanisme même des opérations de ces Compagnies exigeait beaucoup d'argent et engageait cet argent pour plusieurs années, la Compagnie était amenée à remplacer par l'emprunt, moyennant de gros intérêts, les fonds fournis par les actionnaires, qui avaient été employés à d'autres fins[1].

1. On lit dans les observations de M. de Gournay, intendant du commerce, à propos d'un rapport présenté au contrôleur général, en 1755, sur l'état de la compagnie des Indes : « Sans parler des dépenses que la guerre qu'elle a soutenue aux Indes lui a occasionnées depuis quelques années, il a tou-

Enfin, pour couronner cette conduite qui n'est que fautes ou qu'erreurs, nous rencontrons une erreur en quelque sorte fondamentale. Les Compagnies, surtout durant le xviiie siècle, trop peu souvent conduites par des marchands et des marins, finirent par perdre entre les mains des financiers leur caractère premier. « L'esprit de finances qui rétrécit les vues, comme l'esprit de commerce les étend, s'empara de la Compagnie et ne la quitta plus. Les directeurs ne songèrent qu'à tirer de l'argent des droits cédés en Amérique, en Afrique, en Asie, à la Compagnie. Elle devint une société de fermiers plutôt que de négociants [1]. »

Ce sont là quelques-unes des erreurs que l'on commet dans la métropole, erreurs imputables

jours été évident qu'elle a fait beaucoup de dépenses étrangères à son objet. Ses opérations ont fait connaître qu'il y a plus de vingt-cinq ans qu'elle ne travaille pas sur ses propres fonds, et il y a eu des temps où ceux qu'elle a voulu se procurer sur son crédit en Europe même lui ont dû coûter plus de 12 à 15 p. 100 par an : en sorte qu'ayant toujours de gros intérêts à payer, ces intérêts ont consommé tous les profits qu'elle a pu faire et les pertes sont restées à sa charge. » (*Nouveau dictionnaire d'économie politique*, voir *Compagnies privilégiées*, par Dupuis.) Lire également dans l'ouvrage de M. P. Bonassieux ce qui se rapporte aux emprunts de la compagnie : *Les compagnies de commerce*, Plon, 1892, pages 325-326.

1. Raynal, *Histoire philosophique*, liv. IV, chap. ix, Compagnie des Indes.

aux directeurs des Compagnies. Celles que l'on commet dans les colonies mêmes et qui sont imputables aux agents des Compagnies ne sont pas moins graves. Mauvais régime des terres, mauvais régime économique en général, mauvaise politique envers les populations indigènes ou envers les colons, presque rien n'a été évité de ce qui pouvait compromettre le succès.

Ce n'est pas que les agents fussent tous mal choisis. Mais ils partageaient les ignorances, les préjugés, l'absence de scrupules de l'époque, et ce n'est pas à la nôtre à faire leur procès.

Toute la législation sur le régime des terres aux colonies a pour base la concession, on peut dire gratuite, tant est modique le prix ou la redevance stipulée par le concédant, c'est-à-dire par la Compagnie. C'est là une pratique peu favorable au développement des colonies. Nous n'avons pas à insister sur ce point. Après des observations nombreuses et indiscutables, c'est aujourd'hui un point acquis à la théorie qu'ordinairement la vente des terres est, pour beaucoup de raisons, préférable à la concession gratuite [1].

1. Voir *Nouveau dictionnaire de l'économie politique*, article COLONIES, § 8.

D'ailleurs, tout en se servant du système de la concession, les directeurs des Compagnies avaient bien entrevu quelques-uns de ses inconvénients et avaient tâché d'y parer. C'est ainsi qu'ils avaient décidé qu'il ne serait à personne, et sous aucun prétexte, délivré de concessions de la contenance de plus de douze cents pas carrés (ordonnance du 21 juin 1711) et plus tard de mille pas carrés (ordonnance de juillet 1716, art. 4). Ils avaient même exigé en échange des terres concédées un prix déterminé, modique à la vérité : 50 livres par cent pas de terre sur six cents (mars 1712). Enfin, ils avaient interdit aux concessionnaires de céder à titre onéreux leurs concessions avant de les avoir occupées pendant six années consécutives (ordonnance de 1680) et d'en avoir défriché et mis en valeur au moins le tiers. Ces réglementations étaient fort sages, mais elles restaient le plus souvent inappliquées.

D'ailleurs, elles n'intervinrent que tardivement, quatre-vingts ans après les premières Compagnies. A quelque époque qu'on ouvre les recueils de législation ou la correspondance administrative, on ne rencontre que ceci : ou bien l'absence totale de décisions et les gouverneurs omnipotents en la matière, ou bien les ordonnances et les règlements violés. « Il y a peu d'ordre, jusqu'à présent, écrit le roi à l'intendant Deslandes (en 1703, 26 décembre), dans la concession des terres de Saint-Dominique ; les gouverneurs les ont accordées aux habitants qui les ont demandées, sans examiner s'ils étaient en état de les faire valoir et s'il y avait des ménagements à prendre pour la commodité du public ou pour en réserver pour ceux qui viendraient dans la suite. »

Cela s'était surtout produit dans les commencements. « Les habitants, dit un arrêt du Conseil de 1683, précédé d'ailleurs par bien d'autres arrêts analogues, ont obtenu en différents temps de très grandes concessions de terres, sur lesquelles ils ne faisaient aucun défrichement et ne sont point en état d'en faire à l'avenir, soit à cause de la faiblesse des propriétaires ou de la trop vaste étendue des terres qui leur ont été concédées en différents endroits. » Quelquefois, un même particulier recevait plusieurs concessions, dont chacune était trop vaste pour une seule famille, même nombreuse, même riche.

Dans ces conditions, il se produisait un gas-
pillage des terres, avec l'emploi d'une foule de
ruses plus ou moins honnêtes pour échapper
aux revendications du roi. On vendait à vil prix
les concessions encore non défrichées; on cou-
pait à la hâte le bois qui était dessus, bois précieux et bois communs, si bien qu'il fallut
de bonne heure, dans presque toutes les îles,
songer au reboisement; ou bien, si l'on ne pouvait pas vendre, on se donnait l'apparence d'occuper les concessions : on y installait de vieux
nègres invalides, qui non seulement ne défri-
chaient ni ne cultivaient, mais offraient asile à
tous les nègres marrons. Tout cela entraînait
bien des désordres. Les nouveaux colons ne
trouvant plus de terres domaniales allaient s'installer sur des terres concédées mais inoccupées
et les mettaient en valeur; de là, procès. Dans
ce cas, le roi décidait que la terre appartiendrait
à celui qui avait défriché, à moins que le conces-
sionnaire ne vînt lui-même occuper sa terre et la
mettre effectivement en valeur. D'autres fois,
quand les terres demeuraient inoccupées, le roi
les réunissait à son domaine et les faisait vendre
et destinait l'argent à des travaux publics, maga-

sins, prisons, poudrières, hôpitaux, ou encore les distribuait gratis aux petits habitants qui s'engageaient à les cultiver[1].

Malheureusement les règlements étaient observés pendant un jour, un mois, un an; puis de nouveau les abus reprenaient. Les administrateurs consentaient des concessions excessives; les habitants ne les cultivaient pas ou même en trafiquaient, et les administrateurs suivants devaient les poursuivre. Pendant plus de cent ans et même pendant toute la durée des Compagnies, la lutte ainsi engagée se continua de la sorte.

Les fonctionnaires n'avaient aucune autorité morale sur les habitants. Et, de fait, ils n'en pouvaient avoir. Soit en vertu des ordres qu'ils rece-

---

1. Les édits, ordonnances, arrêts, déclarations sur cette matière sont très nombreux. Nous citerons les suivants plus particulièrement intéressants : concessions faites mal à propos, 26 décembre 1703; trop grande étendue des concessions, 11 juin 1680, 12 octobre 1683, 22 août 1687; trafic des concessions et annulations, 30 avril 1728, 2 mai 1733, 12 janvier 1734; mauvais emploi des concessions, déboisement, etc., 23 mars 1701, 16 octobre 1713, juin-juillet 1716, 31 août 1733; révocation des concessions, 16 août 1661, 26 septembre 1696, 5 décembre 1715; délivrance de titres définitifs, juillet 1716; réglementation de l'étendue des concessions, 21 juin 1711; interdiction de revendre les concessions, 15 novembre 1712; vente des terres à prix d'argent, 24 décembre 1710, 23 mars 1712; enfin réglementation générale, 17 juillet 1743.

vaient de France, soit de leur propre chef, ces fonctionnaires semblaient parfois prendre à tâche de ruiner les colons.

C'était, par exemple, le gouverneur général des Isles qui, en 1639, enjoignait « à tous les habitants et maîtres de cases de l'île Saint-Christophe, de quelque qualité et condition qu'ils soient, d'arracher tout le pétun (tabac) qui se trouvera sur les terres de leurs habitations sans en réserver une seule plante, et n'en replanter ni faire en aucune façon ni manière, ni sous quelque prétexte que ce soit de dix-huit mois après ». Pourquoi cela? probablement parce que quelque fermier avait un stock de tabac à écouler; ou parce qu'une île voisine se plaignait de la concurrence de Saint-Christophe. Cette dernière hypothèse se vérifia plus d'une fois.

C'étaient encore des intendants qui se mêlaient de réglementer le commerce intérieur et fixaient arbitrairement le prix des denrées. « La police, dit M. Ducasse, intendant en 1698, est la première marque de la bonne conduite d'un pays... Les denrées nécessaires aux aliments étant d'une cherté exorbitante, nous faisons savoir à toutes sortes de personnes que, du jour de la publica-

tion de la présente, ils aient à se régler, les ven-
deurs et les acheteurs, aux prix qui se sont mar-
qués ici-bas [1]. »

Rien n'était plus contraire aux nécessités du
commerce, et l'on voit bien que Colbert n'était
plus là pour arrêter de si nuisibles pratiques.

C'étaient encore des réglementations qui inter-
disaient aux habitants des colonies de quitter la
colonie sans permission. C'était un commandant
qui leur faisait défense de vendre des biens sans
en rapporter une autorisation écrite, « laquelle
contrainte, dit une ordonnance des administrateurs (octobre 1714), nous estimons n'aboutir
qu'à servir de prétexte à un commandant avide
de s'établir une espèce de droit de prétention et

---

1. A titre de curiosité, nous reproduisons le tableau de
quelques prix.

Une poule pondante............	2	escalins.
Un chapon....................	3	»
Un coq	2	»
Un poulet....................	1	»
Une douzaine d'œufs...........	1	»
Une poule d'Inde..............	4	»
Un mouton....................	12	»
Un agneau....................	4	»
Livre de bœuf................	1/2	»
Livre de veau................	5	sols.
Etc., etc.		

Un escalin, monnaie des Pays-Bas, valait environ 12 sols, soit quelque
chose comme 65 centimes.

de retrait sur les terres qui se vendent, en obligeant les habitants à en avoir de lui la permission par une préférence onéreuse que le susdit commandant demanderait dans les achats ». Et ce n'était là ni une chose nouvelle ni une chose extraordinaire. En 1708 (8 octobre), le roi avait déjà dû rendre une ordonnance pour réformer de pareils abus.

On comprend qu'après cela les habitants n'étaient pas des mieux disposés pour les administrateurs. Et je ne dis rien des indigènes — quoiqu'il y ait eu les Caraïbes — parce que nos colons ont, en général, réparé les duretés des administrateurs, et que ces races mixtes qu'ils ont fondées, là où les Anglais détruisaient les races préexistantes, montrent qu'ils n'étaient ni haïssables ni haïs.

Mais les Français, les colons, les habitants n'étaient rien moins qu'animés de bons sentiments envers les Compagnies et leurs agents. Les Compagnies les pressuraient de toutes manières, leur vendaient fort cher les produits de France et leur achetaient leurs produits propres pour rien, sans même pouvoir — je le dirai plus loin — ni suffire à leurs besoins,

ni leur fournir assez de vaisseaux pour envoyer
les produits de la colonie en France. Aussi
les révoltes contre les agents des Compagnies
sont-elles chose assez commune. En 1645,
il faut établir une prévôté à Saint-Christophe
pour contenir les habitants; à Saint-Dominique,
révolte en 1671, révolte en 1723, nouvelle révolte
en 1754.

Tant d'hostilité était dû surtout à l'usage
excessif que les Compagnies, appuyées, encouragées, on pourrait presque dire contraintes, faisaient de leur monopole commercial, dont nous
avons maintenant à expliquer le but, le mécanisme, les abus et les conséquences.

§ 4. *Causes imputables à la contradiction entre
la rigueur du monopole et la timidité avec laquelle
on l'appliquait.*

SOMMAIRE. — Le monopole; les excès du monopole; l'im-
puissance à en tirer parti; le commerce étranger et les fraudes
qui le favorisent; — les irrésolutions et les contradictions de
la royauté et de l'opinion; la ruine du principe du privilège.

La base, le fondement des compagnies de
colonisation, c'est le privilège. Ce privilège est

double : 1° privilège de pouvoir seules amener des colons sur le territoire de la Compagnie, et seules, leur vendre ou leur concéder des terres, et exiger en échange les redevances, hommage, etc.; 2° privilège de pouvoir seules faire le commerce entre la France et le territoire de la Compagnie. Et ce privilège, double quant à ses objets, était triple quant à ses sujets, je veux dire quant aux personnes contre qui il s'exerçait et qui étaient : 1° les colons, qui ne peuvent s'établir sur le territoire de la Compagnie, qui ne peuvent y exercer aucune profession, y faire aucun commerce, vente ou achat, qu'avec l'agrément de cette Compagnie; 2° les Français de la métropole, qui n'ont le droit de venir acheter ou vendre sur les terres de la Compagnie qu'en passant par l'intermédiaire de la Compagnie même; 3° les étrangers, qui sont impitoyablement écartés du territoire de la Compagnie, soit comme colons, soit comme trafiquants.

Ces conceptions étaient celles de ce temps[1].

1. Et toutefois, dans un *Mémoire* au roi sur la compagnie hollandaise des Indes orientales, il est dit : « Et ce qui est encore à remarquer, c'est que ceux de la Compagnie ont liberté de trafiquer dans la plupart des pays étrangers, mais tous les étrangers peuvent y aller sous la protection de ces compagnies, ce qu'ils font souvent et fort heureusement. »

13.

Et peut-être eussent-elles pu amener les Compagnies à la prospérité, si ces Compagnies avaient su tirer parti de leur monopole. Malheureusement, elles ne le surent, ou plutôt ne le purent pas, ni pour elles-mêmes ni pour le public.

Puisqu'elles avaient le monopole de concéder toutes les terres, de vendre et d'acheter toutes les denrées, de faire tous les transports, il leur fallait s'approvisionner amplement de vaisseaux et de marchandises, et n'exiger pour le fret ou pour les denrées que des prix, rémunérateurs sans doute, mais raisonnables. Si elles ne pouvaient — ce qui était probable — suffire à tout ce que leur permettait ou plutôt à tout ce que leur imposait ce monopole, il leur fallait s'arranger pour en partager les bénéfices avec le public, permettre aux vaisseaux des particuliers de faire les transports entre la colonie et la métropole, et donner licence aux marchands de vendre directement aux colons et de leur acheter directement. Les deux partis étaient admissibles ; mais l'un des deux s'imposait. Les Compagnies ne purent prendre le premier, et ne se décidèrent jamais à prendre le second d'une manière large et définitive : elles ne surent pas remplir les

charges de leur privilège, elles prétendaient toutefois en retirer tous les avantages; elles appau-
vrirent ainsi ceux qui y étaient soumis, sans
parvenir à s'enrichir elles-mêmes.

Sans doute on peut, en parcourant les documents de l'époque, rencontrer des textes qui éta-
blissent une sorte de *modus vivendi* fort accep-
table. C'est ainsi, par exemple, que d'abord
presque partout les redevances exigées des colons
pour le prix des terres à eux concédées étaient
assez modiques. C'est ainsi encore que le commerce était permis, à côté de la Compagnie, aux
Français et même aux étrangers, à la condition de
payer des droits d'entrée ou de sortie fort modé-
rés : 2 1/2 pour 100 les Français, et 5 pour 100
les étrangers non en guerre avec la France. Ce
sont là notamment les conditions que l'on trouve
dans le règlement du 18 octobre 1666, destiné
à l'île de la Martinique, qui faisait partie du
domaine de la Compagnie des Indes occidentales. Mais, si on lit le préambule de ce règlement, on voit que ces conditions modérées ont
été en quelque sorte imposées à la Compagnie,
qu'elles sont le fruit d'une réaction contre ses
excès, réaction causée par les « plaintes conti-

nuelles des habitants de cette isle, tant de la
qualité des marchandises qu'elle leur faisait
fournir, prix et paiement d'icelles, que du fret
des marchandises qu'ils font embarquer dans
les navires ».

Et ces plaintes étaient habituelles, comme
étaient habituels les excès des Compagnies. A
chaque instant, le roi était obligé d'intervenir,
d'ajuster les choses entre elles et les habitants,
de réduire les droits exagérés que leurs agents
avaient imposés, etc. Les Compagnies n'usaient
pas, elles abusaient de leur privilège; elles vendaient aux habitants leurs marchandises deux
tiers plus cher que ne faisaient, au même temps,
les Compagnies hollandaises. Bien mieux : elles
étaient fréquemment incapables de vendre,
n'ayant trop souvent ni crédit, ni approvisionnements, ni vaisseaux; et, incapables de rien
vendre, elles refusaient l'autorisation de vendre
en leur lieu et place (moyennant redevance ou
partage, bien entendu), à ceux qui en auraient eu
les moyens. Comme le dit fort bien Raynal, les
actionnaires de ces Compagnies étaient l'avidité
même : tous arrangements, pour le commerce,
avec des particuliers, leur paraissaient inaccep-

tables, s'ils devaient enrichir les particuliers en même temps que la Compagnie elle-même.

En conséquence, il se produisit un phénomène bien naturel. Comme les Compagnies abusaient de leur monopole, comme elles apauvrissaient ceux qu'elles auraient dû enrichir, chacun cherchait à s'y soustraire. Et c'était s'y soustraire, c'était (du point de vue de la Compagnie) ruiner la Compagnie, que de s'enrichir par des moyens qu'elle n'avait pas prévus, par exemple, en développant la production des objets de son monopole. De là, une foule de gens inoffensifs, de paisibles travailleurs : colons, marchands, marins, que la Compagnie considère comme ses pires ennemis; de là, une foule de faits, licites ou illicites, émanant d'une infinie variété de personnes, lesquels faits avaient pour but et pour effet de restreindre, de diminuer, d'anéantir les privilèges de la Compagnie. En sorte que ce qui eût dû être pour ces compagnies l'occasion d'une prodigieuse fortune ne permit à la plupart d'entre elles que de végéter et finalement de se ruiner.

S'agit-il du privilège de colonisation proprement dite? L'intérêt de la Compagnie était d'avoir le plus grand nombre possible de colons,

qui lui eussent payé des redevances, cultivé ses
terres, vendu leurs denrées. Et pour se procurer, amener, installer ces colons, toutes ces
compagnies acceptèrent, par contrat, des conditions soùvent onéreuses, qu'elles s'efforcèrent
consciencieusement de remplir. Mais alors, elles
rencontraient en face d'elles les prétentions
opposées du roi, du fisc, des industriels métropolitains, qui, pour des motifs et avec des buts
divers, prenaient ou obtenaient des mesures dont
l'effet était de rendre, d'année en année, la situation du colon moins avantageuse, et par conséquence de détourner nombre de gens de se
rendre aux colonies. En sorte que très souvent
les Compagnies voyaient leurs terres désertes et
incultes. Et, comme elles étaient elles-mêmes si
souvent oppressives, elles ne trouvaient personne pour prendre leur défense[1].

S'agit-il du privilège de commerce, c'est-à-dire
de cette partie de son privilège qui lui réservait
le monopole du commerce entre la métropole et
son propre territoire? Alors, les tentatives et les

1. Voir notamment, pour les seules îles d'Amérique, les
ordonnances du 17 mars 1665, 10 septembre 1670, 24 janvier 1671, 2 août 1718. Cf. Raynal, *Histoire philosophique*,
t. V, 97.

moyens pour y échapper sont innombrables, comme sont innombrables ceux qui en profitent.

C'est le roi, qui, à Saint-Domingue, ayant établi une colonie indépendante dans une partie de l'île voisine du domaine de la Compagnie, prétend lui « ôter tout prétexte d'étendre ses privilèges » et se livre à une délimitation minutieuse de leurs territoires respectifs (30 juillet 1711).

Ce sont les corsaires, munis de lettres de marque authentiques, qui font sur l'ennemi des prises énormes, et, les jetant sur le marché, déterminent aussitôt une baisse des prix, au grand détriment des Compagnies, dont l'intérêt est que le marché soit peu fourni.

Ce sont les colons eux-mêmes, qui se mettent à étendre leurs cultures et à augmenter leur production d'une façon inusitée; tels, par exemple, ces colons de la Martinique, de la Guadeloupe, de Marie-Galande, qui, ayant perdu leurs cacaoyers, se jettent avec fureur sur la culture du café, en inondent la place et en réduisent le prix à rien.

Ce sont les officiers de la marine royale, qui, profitant de ce que leurs navires échappent à la visite, se mettent, soit pour eux-mêmes, soit pour

leurs amis, à vendre et à acheter, dans le territoire des Compagnies, sans passer par l'intermédiaire de leurs agents. Le roi le sait, le roi le
défend (voir notamment, 22 octobre 1692, 12 octobre 1696, 13 mars 1717); mais ce trafic est trop
lucratif et les Compagnies trop détestées : même
le plus puissant des rois échoue dans ses efforts
pour faire respecter le privilège des Compagnies,
ses créations.

Au surplus, les Compagnies, au bout d'un certain temps, avaient non pas encouragé, mais
facilité les brèches au privilège. Elles s'étaient
aperçues qu'elles ne pouvaient parvenir à exploiter directement leur monopole et se résignèrent,
alors, à en tirer parti, en le louant. Elles donnaient donc, à des conditions variables, permission à certains armateurs ou marchands de trafiquer sur leur territoire. Cela se fit même de très
bonne heure, dès 1640. Les Compagnies anglaises
le faisaient; les Compagnies hollandaises le faisaient. Les Compagnies françaises le firent; et
elles eurent raison de le faire. Et elles y auraient
trouvé profit, si c'eût été une décision prise une
fois pour toutes. Mais point. Elles ne se réso-
lurent jamais qu'avec la plus grande peine à cette

transaction, indispensable et qui eût pu être
fructueuse, entre leur monopole et la nécessité
publique. Elles cédaient pour un temps, puis se
hâtaient de reprendre ce qu'elles avaient cédé.
De la sorte, elles décourageaient les gens hono-
rables, les gros armateurs, qui ont besoin de sta-
bilité, et qui, disposés à engager de gros capitaux, ne sauraient le faire dans des entreprises
sans avenir certain.

Il faut dire toutefois qu'au moins au début les
compagnies ne pouvaient sans illogisme renoncer
à leur privilège et concéder à des armateurs particuliers le droit de faire les transports de France
aux colonies et *vice versa*. En effet, l'un des plus
puissants motifs qui avaient été invoqués lors de
la fondation des compagnies privilégiées de
colonisation, c'est la sécurité des mers et la
nécessité, pour les navires, de voyager par convois. Ces convois, seule une grande Compagnie
pouvait les former et les escorter. Mais si cette
Compagnie, hors d'état d'exploiter le monopole
que ce besoin prétendu de sécurité lui avait fait
pour partie accorder, concédait à des particuliers
le droit de porter des marchandises aux îles, et
que ces particuliers, une fois munis de cette

autorisation, se missent à naviguer sur toutes les mers seuls et sans escorte, alors le motif invoqué apparaissait comme peu sérieux; et, du même coup, le principe des Compagnies privilégiées était non pas ruiné, mais entamé.

Malgré ce que cette crainte pouvait avoir de fondé, les Compagnies ne purent pas longtemps se refuser à accorder aux particuliers de ces autorisations. Et non seulement elles en accordèrent à des nationaux, mais elles finirent par en accorder même aux étrangers. C'était, il est vrai, dans des conditions tout à fait exceptionnelles. Mais le commerce étranger, quand il n'avait pas les autorisations régulières, s'en passait. Ce fut l'une des plus grosses questions du xviie siècle et du xviiie siècle[1].

1. La volonté — sinon le pouvoir — d'interdire aux étrangers le libre commerce avec nos colonies, a été l'une des idées dominantes de l'ancien régime en matière de colonisation. Rien que pour les îles d'Amérique voici une liste — incomplète — des ordonnances, arrêts, etc., rendus à ce sujet : 25 novembre 1634, 10 septembre 1668, 12 juin 1669, 10 juin 1670, 29 décembre 1670, 18 juillet 1671, 4 novembre 1671, 28 novembre 1671, 14 décembre 1671, 14 mars 1672, 16 décembre 1673, 11 septembre 1677, 19 novembre 1677, 9 août 1678, 7 mai 1680, 11 octobre 1680, 15 août 1682, 11 décembre 1685, 7 décembre 1688, 25 août 1690, 20 août 1698, 3 décembre 1698, 24 février 1700, 6 octobre 1700, 8 novembre 1702, 20 mai 1704, 24 juillet 1708, 5 juillet 1713, 20 novembre 1713, 1er mai 1715, 20 décembre 1715,

Elle se posa de bonne heure. Les Compagnies privilégiées, fondées par Louis XIII, par exemple, n'avaient, au moins en quantités suffisantes, ni vaisseaux, ni capitaux, ni crédit. Pour transporter aux îles les denrées et les approvisionnements, pour transporter en France les produits des colonies, elles manquaient de tout. Alors leurs colons, pour ne pas mourir de faim, pour ne pas voir se gâter les produits de leurs terres, s'adressaient à des Français particuliers, et plus souvent aux Hollandais, aux Anglais, aux Espa-

février 1716, 8 octobre 1716, avril 1717, 10 mai 1717, 9 novembre 1717, 26 novembre 1717, 26 novembre 1719, 23 juillet 1720, 14 mars 1722, 25 juillet 1724, 3 janvier 1725, 18 juin 1726, 20 août 1726, octobre 1727, 9 mai 1733, 23 juillet 1733, 11 octobre 1733, 25 juillet 1736, 27 mai 1736, 29 janvier 1737, 7 février 1741, 25 septembre 1743, 24 juin 1746, 2, 3, 21 octobre 1753, 11 avril 1754, 15 février 1757, 10 juillet 1759, 20 avril 1760, 19 août 1761, 10 octobre 1762, 17 mars 1763, 16 février 1766, 9 mai 1767, 29 juillet 1767, 1er mai 1768, 16 août 1769, 2 juin 1770, 16 juin 1772, 6 août 1772, 27 avril 1773, 26 novembre 1773, 12 avril 1775, 9 octobre 1775, 6 juillet 1776, 20 juillet 1778, 15 mai 1784, 27 juin 1784, 30 août 1784, 20 avril 1785, 23 septembre 1785, 18 septembre 1785, 25 septembre 1785, 4 novembre 1785. Soit plus de 80 textes de législation ou de jurisprudence interprétative. Nous aurions pu n'indiquer que le nombre même de ces textes. Nous avons tenu à en citer les dates pour permettre à ceux qu'intéressent ces questions de voir que, même lorsqu'on eut renoncé à s'occuper des colonies, on n'avait pas renoncé à les interdire aux étrangers, soit que ces étrangers, soit que les colonies mêmes, dussent trouver profit à de mutuelles relations.

gnols. Le roi avait beau le défendre sous des peines sévères (25 novembre 1634) : sa défense n'était pas écoutée.

Il faut dire aussi que bien des choses contribuèrent à rendre cette défense ridicule. On aurait pu croire que « étrangers » signifiait : tous ceux qui n'étaient pas Français. Mais non : il y avait les étrangers qu'on aimait et ceux qu'on n'aimait pas. Il y avait le commerce étranger pernicieux et le commerce étranger bienfaisant; il y avait les Espagnols avec qui l'on pouvait trafiquer à l'aise (16 janvier 1688, 4 octobre 1690, 1er octobre 1698, 28 octobre 1727) et les Anglais avec lesquels tout commerce était interdit.

Outre ces variations de la politique royale, d'autres causes contribuaient à ramener les étrangers dans nos ports et dans ceux de nos colonies. Les Compagnies, quand elles n'avaient pas de vaisseaux, et quand les armateurs français n'en avaient pas non plus de disponibles, s'adressaient directement aux étrangers et, malgré la défense du roi (12 juin 1669), leur délivraient l'autorisation d'aller commercer aux colonies. D'autres fois, c'étaient des Français, concessionnaires directs des Compagnies françaises,

qui recédaient leurs concessions à des étrangers.
Il y eut là, à cette époque, une question des
passeports comparable à celle des acquits-à-
caution de nos jours. Ce trafic de passeports,
le roi l'interdisait également, mais on ne tenait
pas compte de cette interdiction; les bénéfices
que procuraient ces opérations étaient énormes :
les étrangers préféraient en courir les risques.
Il fallut, à diverses reprises, envoyer des escadres
françaises croiser devant nos colonies pour leur
en empêcher l'accès (14 mars 1672 et bien
d'autres ordonnances), et le nombre de leurs tentatives fut tel qu'à diverses reprises les prisons
ne purent pas contenir les équipages de leurs
vaisseaux saisis (3 janvier 1725).

Malgré tant d'obstacles et de défenses, le commerce étranger (c'était le terme) continuait toujours. Et toujours il y avait à cela des raisons
excellentes. C'étaient les guerres qui éclataient,
pendant lesquelles nous n'étions plus maîtres de
la mer; nos convois n'étaient plus sûrs d'arriver à destination, les colonies risquaient de
mourir de faim : alors on autorisait les étrangers
à les approvisionner (16 décembre 1673, etc.).

D'autres fois, le commerce languissait; les

14.

colonies étaient ruinées; pour ranimer le commerce, pour sauver les colonies, on autorisait les colons à porter leurs produits non pas sur les marchés français, mais sur les marchés étrangers (6 octobre 1700). A la fin, cela était devenu presque de règle. Il y avait une foule de navires, qu'on appelait les *interlopes*, dont c'était l'habituel métier de trafiquer, ouvertement ou secrètement, entre l'étranger et les colonies françaises[1].

Enfin, à tant de causes, venait s'en ajouter une autre, qu'on n'eût pas pu prévoir au début. C'est que la royauté, soutenue et encouragée, quand elle n'était pas provoquée et poussée par l'opinion, semblait, par accès qui se renouvelaient trop souvent, perdre sa foi dans des Compagnies, je veux dire dans le privilège, et d'un jour à l'autre, déclarait libre le commerce de telle région ou le commerce de tel article jusqu'alors réservé à une Compagnie privilégiée[2]. Le commerce des castors, par exemple, était, en 1664, concédé par privilège à la Compagnie des Indes occiden-

---

1. Voir Raynal, *Histoire philosophique*, t. IV, 70.
2. Sur ces mesures contradictoires, voir Deschamps, *la Question coloniale*, 143-4, et les préambules d'une foule de dispositions législatives ou administratives.

tales, en 1668 déclaré libre, en 1675 privilégié, en 1700 libre pour la colonie du Canada, en 1706 privilégié en faveur de la Compagnie Aubert.

Les côtes de Guinée, réservées à la Compagnie de la Guinée, étaient, en 1716, déclarées ouvertes à tous ceux qui voudraient y trafiquer, etc.

Après cela, le principe même du privilège était ruiné, et perdues avec lui les compagnies qui s'y appuyaient.

CHAPITRE IV

Les résultats.

Sommaire. — Résultats d'argent et résultats de peuplement : — les résultats financiers sont pitoyables ; aucune Compagnie n'a duré ; aucune n'a payé de dividendes réguliers ; — les résultats de peuplement sont plus satisfaisants, surtout si l'on considère l'état du royaume à l'époque.

Nous en avons fini avec l'exposé des diverses influences qui pouvaient agir sur les Compagnies privilégiées de colonisation. Il nous reste à dire les résultats que ces Compagnies ont obtenus.

Ces résultats, d'avance, nous les avons fait connaître. Nous avons dit que ces compagnies, après des vicissitudes diverses, avaient toutes abouti à la ruine. Nous allons entrer dans plus de détails.

Nous recherchons d'abord quels sont les résultats financiers de ces entreprises; nous dirons ensuite sur quels territoires leurs efforts se sont portés, ce qu'elles ont exploité, ce qu'elles ont gardé; quelle population elles y ont amenée et développée; enfin quelle influence, dans les pays où elles opéraient, elles ont acquise au nom français.

Les résultats financiers, nous pourrions presque nous dispenser de les étudier : nous en connaissons l'expression finale. Mais il n'est pas sans intérêt de voir par quelles phases elles ont passé, de leur naissance à leur mort, et quels bénéfices elles ont pu procurer aux capitaux qui s'y étaient engagés. Or, presque nulle part, nous ne trouvons que ces capitaux aient été, pendant une période de quelque durée, convenablement rémunérés. Nous ne disons pas que ce soit là une règle générale. Les documents dont nous disposons ne sont pas suffisants pour nous permettre de l'affirmer. Mais enfin ces documents représentent déjà des recherches nombreuses et approfondies; et ce qu'on sait jusqu'ici, du moins ce qu'on a publié, ne révèle rien de bien satisfaisant sur la situation financière, à aucune époque, de nos compagnies de colonisation.

Rien ne le met davantage en lumière que ce fait que, sur les divers points où se sont portés leurs efforts, tant de Compagnies se soient si rapidement succédé, s'effondrant les unes sur les autres, comme autant de capucins de cartes. De quelque côté que nous nous tournions, nous rencontrons ce spectacle affligeant : 3 Compagnies du Cap Nord, 3 Compagnies du Nord, 3 Compagnies du Sénégal, 3 Compagnies de Chine, 7 Compagnies d'Afrique, 7 et même 8 Compagnies des Indes orientales, toutes s'efforçant de réussir là où les devanciers ont succombé et toutes aboutissant à la ruine.

Si, après cela, nous entrons dans le détail, voici ce que nous trouvons.

C'est, par exemple, la Compagnie de Saint-Domingue qui, à en croire des déclarations royales (voir, notamment, 26 décembre 1703), a « employé jusqu'à présent des fonds très considérables avec peu de profit pour elle ».

C'est toute la série des Compagnies auxquelles succède la Compagnie des Indes orientales (juin 1725), qui étaient « tombées dans un tel anéantissement que, dit le Roi, nos sujets étaient obligés de tirer des étrangers les marchandises que ces Compagnies auraient dû leur procurer ».

C'est la Compagnie du Nord qui, très encouragée par le Roi (le roi lui donne 100 000 livres en 1665 et 100 000 en 1670), très appuyée à l'étranger par Colbert, ne peut cependant distribuer qu'un dividende de 4 pour 100, dividende que Colbert ordonne d'augmenter aux dépens du capital.

C'est la première Compagnie d'Afrique, où Colbert a persuadé à Mazarin de mettre de l'argent, lui en promettant un intérêt de 50 pour 100, et qui sombre, lui faisant perdre 600 000 livres.

C'est une nouvelle Compagnie d'Afrique qui se fonde (1719) (et d'ailleurs se combina bientôt avec la Compagnie des Indes) dans l'espoir d'un bénéfice annuel de 150 000 livres, et qui y perd jusqu'à 1 200 000 francs par an.

C'est une autre Compagnie d'Afrique, la Compagnie Auriol, qui, fondée (1730) pour dix ans, produit des bilans selon lesquels son actif dépasse son passif, en 1733, de 238 000 livres; en 1734, de 266 000 livres; en 1735, de 260 000;

en 1736, de 215 000 livres et qui, cependant, en 1738, demande à être déchargée de son bail, preuve évidente que les derniers bilans étaient peu sérieux.

C'est encore une nouvelle Compagnie d'Afrique (ces gens-là ne connaissaient pas le découragement), qui, en 1741, se fonda au capital de 1 200 000 livres, et qui, en 1750, a perdu déjà au delà de 100 000 livres, et, en 1766, appelle l'État à son secours. Il est vrai qu'elle donne en 1768 4 pour 100 de dividende ; qu'en 1771, elle donne 6 pour 100 ; qu'en 1774, elle peut faire un prêt assez considérable à l'État. C'est qu'un homme de premier ordre avait pris en main le gouvernail, et peut-être cette Compagnie se serait-elle, grâce à lui, sauvée, quand, en 1791, le commerce de la côte d'Afrique fut déclaré libre et, en 1792, la Compagnie elle-même fut supprimée.

C'est la Compagnie des Indes orientales qui, quoique puissamment soutenue, ne distribue, pour les années 1687 à 1691, c'est-à-dire pour cinq années, un dividende total que de 30 p. 100.

L'histoire et les destinées de cette même Compagnie des Indes orientales résument celles de toutes les autres.

En 1664, elle est fondée au capital de 15 millions, dont 3 fournis par le roi. En 1684, vingt ans après, de ce capital primitif, il ne reste plus que 3 350 000 francs en valeurs immobilisées, et il faut, pour qu'elle survive, lui constituer, par des procédés dangereux, un nouveau capital de 2 100 000 francs. En 1701, elle est si bas qu'il faut que le roi lui prête 800 000 livres et que l'on reconstitue un capital nouveau. Vers le même temps, elle emprunte pour ses affaires au taux de 75 pour 100. Cela ne la tire pas d'affaire, et, vers 1716, elle vend son privilège, qu'on venait de lui proroger pour dix années, à des armateurs de Saint-Malo. Ceux-ci n'ont encore rien fait qu'arrive Law, qui entraîne la Compagnie dans les vicissitudes du système, et malgré tout, la laisse dans la voie de la prospérité. En 1726, elle a un capital de 143 millions; en 1740, ce capital, qui n'est jamais, dans les années intermédiaires, descendu au-dessous de 135 millions, est de 261 millions. Du moins, tels sont les bilans de la Compagnie. Mais ces chiffres sont-ils exacts? En 1769, année où son privilège fut suspendu, son capital se trouvait réduit à environ 30 000 000, et, de 1725 à 1769, le commerce des Indes ne ressortait, année moyenne, qu'à 8 276 000 livres.

Ces résultats ne sont pas absolument contradictoires. Jusqu'en 1740 et même un peu plus tard encore, la Compagnie semble avoir été bien administrée ; au contraire, à cette première période succède une période d'inertie et de désorganisation. La moyenne annuelle de 1725 à 1769, de 8 276 000 pour le commerce, ne signifie rien. Ce qui le prouve, c'est le taux décroissant des dividendes. Outre l'intérêt fixe, chaque action recevait : en 1725, 148 livres, en 1736, 136, en 1743, 135, en 1756, 85, en 1767, 65. Il faudrait donc, pour pouvoir conclure avec quelque sécurité, diviser l'histoire et la gestion de la Compagnie des Indes en trois périodes distinctes : de 1719 à 1725, sous et après l'administration de Law, époque de troubles ; de 1725, date de la reconstitution, jusqu'en 1745, époque de la prospérité ; enfin, de 1745 à 1769, époque de la décadence. On trouverait tous les éléments de ce travail dans le célèbre, mais partial, *Mémoire* de Morellet.

Malgré ces lacunes dans nos documents, nous pouvons conclure : les résultats financiers de

ces Compagnies de colonisation furent médiocres, et même mauvais. Elles n'ont pas beaucoup enrichi le pays, et quant aux particuliers,
aucun de ceux qui leur ont accordé leur confiance au delà de quelques années n'a même revu
son capital[1].

Mais ces Compagnies n'étaient pas seulement
des Compagnies de commerce; elles étaient avant
tout et par définition des Compagnies de colonisation. Ont-elles fondé des colonies et les ont-
elles peuplées?

Les premières d'entre toutes les Compagnies
(Henri IV, Louis XIII) ont découvert les territoires à coloniser; les secondes (Louis XIII et la
Régence de Louis XIV) les ont peuplées; les
troisièmes (depuis Louis XIV) ont fait surtout
du commerce, et le peuplement est le fait de la
multiplication naturelle ou d'une émigration
spontanée.

Les territoires colonisés ont été, si on se con-

---

1. Cela ne veut pas dire que les colonies n'aient rien rapporté à la France. Il s'y est fait d'immenses fortunes, dont
pourraient témoigner les archives publiques et privées des
villes de Nantes, Bordeaux, Rochefort, etc. Mais ces fortunes
ont été le fait des particuliers, non pas des compagnies de
colonisation.

tente d'une énumération, nombreux et vastes ;
ils sont infiniment plus réduits en nombre et en
étendue, si on considère la carte. L'Afrique au
nord et à l'ouest; l'Amérique, depuis l'équateur
jusqu'à la baie d'Hudson ; l'Asie, dans l'Inde,
dans les Détroits, en Chine; l'Océanie même,
voilà les territoires où ont opéré les Compagnies.
Mais en Afrique, elles n'ont exploité que les
rivages et n'ont pu fonder aucune colonie de peuplement ; en Amérique, elles ont exploité certaines îles, un peu la Louisiane, et surtout le
Canada; enfin en Asie, elles n'ont rien fait, ni en
Chine, ni aux Détroits, et n'ont laissé que des
débris peu importants dans l'Inde même.

Nous voudrions pouvoir citer quelques chiffres.
Tous sont douteux.

Le Canada, en 1665, aurait compté 3215 habitants.

Les Iles d'Amérique, c'est-à-dire la Martinique,
la Guadeloupe, Grenade, Saint-Domingue, etc.,
en 1642, en comptaient 7000.

Chose notable, quand on s'occupe du nombre
de colons établis dans nos colonies, jamais on
ne cite que ces deux groupes : le Canada et les
Iles.

15.

En 1674, la population totale de ces deux groupes aurait été de 45 000 ; près de vingt-cinq ans plus tard, elle n'aurait pas été beaucoup supérieure à 50 500.

D'après Froger, la Martinique, en 1700, aurait compté 10 600 blancs ; la Guadeloupe, 3815 ; Saint-Domingue en comptait 30 000 environ [1] ; la Guyane, 400 ; enfin le Canada, mais d'après un recensement plus ancien (1688) que cite le Père Charleroix, en comptait 11 249.

D'autre part, dans un mémoire remis en 1765 à Choiseul, M. de Beaumont, l'intendant des finances, attribuait, en 1701, à nos diverses colonies, les chiffres suivants : Martinique, 11 000 blancs et 16 000 nègres ; la Guadeloupe, 5000 blancs et 8000 nègres ; Saint-Domingue, 7000 blancs et 20 000 nègres.

1. Un document que cite M. Bonassieux ne donne pas, pour cette dernière colonie, en 1701, un total supérieur à 23 000 habitants : Cap Français, 900 blancs et 2000 nègres ; Léogane, 2000 blancs et 15 000 nègres ; Petit Goave, 600 blancs et 2000 nègres, soit 3500 blancs et 19 000 nègres.
En 1711, le directeur de la Compagnie de Saint-Domingue n'évaluait la population totale qu'à moins de 3000 (trois mille) personnes, 643 blancs et 2175 nègres. Il y a là, entre les chiffres de 1701 et de 1711, une différence inexplicable ; même la guerre qui ne prit fin qu'en 1711 ne peut avoir à ce point diminué la population. (Voir Deschamps, la *Question coloniale*, 187 et 235 ; Bonassieux, *Compagnies*, p. 415 et 416.)

Tous ces chiffres sont suspects. Cinquante ans plus tard, les chiffres de la population, tels que les donne un recensement beaucoup mieux fait, sont bien plus considérables. En 1754, la Martinique comptait 24 000 blancs et 60 000 noirs; la Guadeloupe, 10 000 blancs et 50 000 noirs; Saint-Domingue, 40 000 blancs et 230 000 noirs. Total pour trois îles seulement : 74 000 blancs et 340 000 noirs.

En 1754, il est vrai, les Iles n'étaient plus du domaine des Compagnies. Depuis longtemps, elles faisaient partie du domaine du roi. Mais peu importe : ce sont les Compagnies qui avaient jeté les premiers fondements. De cela, il faudra leur en tenir compte, quand nous aurons — et ce sera l'objet d'un dernier chapitre — à porter un jugement d'ensemble sur les Compagnies de l'Ancien Régime en tant qu'instrument de colonisation.

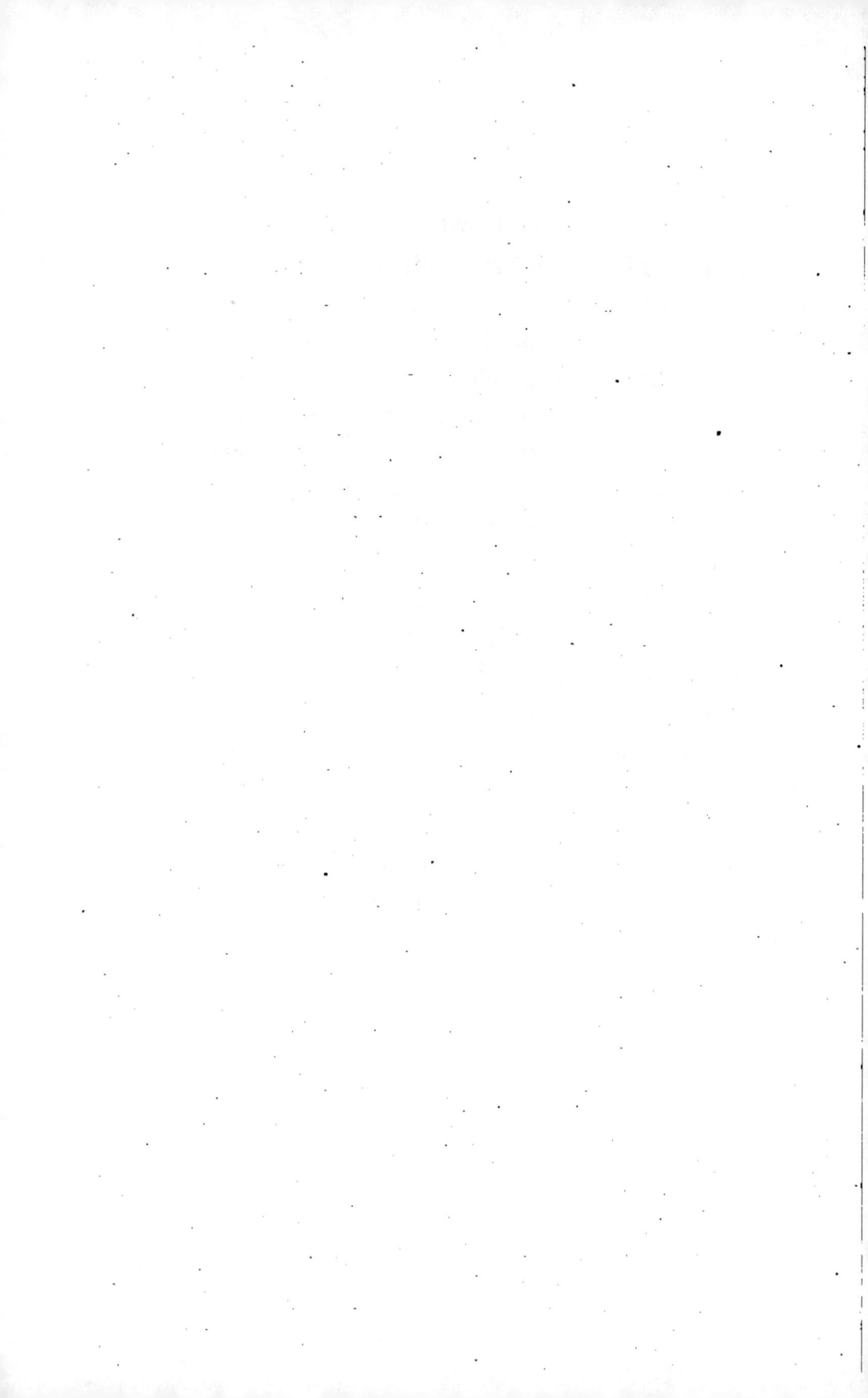

CHAPITRE V

Résumé et conclusions.

Sommaire.—Les motifs invoqués pour fonder ces Compagnies ont varié; ceux du début : *utilité, nécessité, justice*, n'étaient plus vrais au bout d'un siècle; — l'opinion publique a également varié sur le compte de ces Compagnies; favorable au début, en général, elle leur a été hostile à la fin; — elles n'ont jamais été libres, à aucune époque; finalement elles ont été accaparées par le roi; — elles ne peuvent fournir aucun argument pour ou contre le rétablissement des Compagnies à charte.

Nous sommes arrivé au terme de cette brève étude sur les Compagnies privilégiées de notre ancienne France. Il nous reste maintenant à ramasser en quelques lignes, pour faciliter le jugement définitif du lecteur, tout ce que nous avons exposé au cours des chapitres précédents, et, cela fait, à formuler une opinion sur le caractère et le rôle de ces Compagnies de colonisation et de commerce.

Les Compagnies de colonisation, j'entends les
Compagnies à charte et investies de privilèges,
ont été l'instrument préféré de presque toutes
les puissances aux xviiᵉ et xviiiᵉ siècles : la Hollande et les Anglais ont, les premiers, donné
l'exemple. Puis les Français ont suivi et les
Allemands, les Danois, les Russes, etc. C'est en
France, toutefois, que ce procédé semble avoir
été le plus employé, et, si la France ne peut se
vanter d'avoir eu des Compagnies aussi puissantes que ses rivales (car qu'est-ce que même
notre Compagnie des Indes comparée à sa rivale
d'Angleterre?) peut-être en a-t-elle eu un plus
grand nombre. J'ai donné une liste des principales Compagnies françaises, tout en faisant
mes réserves sur l'exactitude et le caractère
définitif de ce recensement. Le nombre des Compagnies citées s'élevait à 78. Et ce chiffre n'est
sans doute pas complet encore.

Les motifs qui ont fait que, durant deux siècles,
notre pays a eu, sans se décourager, recours au
même procédé de colonisation, je veux dire à la
constitution de Compagnies *privilégiées*, n'ont
pas été les mêmes pendant toute cette longue
période. Ceux qu'on invoquait au début et qui

étaient alors exacts, ont plus tard cessé de l'être.
Ces motifs, au début, se résumaient dans trois
mots : utilité, nécessité, justice. *Utilité* : il faut,
par un privilège, attirer les capitaux, toujours
timides; *nécessité* : il faut, par ce privilège, empêcher le dévelopement d'une concurrence onéreuse pour l'Europe (entendez pour les *marchands* d'Europe) et profitable seulement aux
indigènes des territoires sur lesquels se fait le
commerce ou la colonisation; de plus, il faut,
pour des voyages aussi lointains, à travers des
mers que tant d'ennemis surveillent, autre
chose que des navires isolés; il faut de véritables expéditions; *justice* : il faut que ceux qui
auront découvert, ou pacifié, ou assaini ces contrées, gardent pour eux le bénéfice de leurs
premières et aléatoires entreprises.

Tels étaient les motifs invoqués au début. Et
au début, tout cela pouvait être vrai. Mais, au
bout d'un siècle, presque aucun d'eux ne tenait
plus debout : les capitaux savaient ce que valaient
ces entreprises; les frais de découverte, de premier établissement, le droit d'invention, en un
mot, avaient été, si l'on peut ainsi parler, remboursés et amortis; l'insécurité alléguée des mers

n'empêchait pas le commerce très fructueux des
interlopes, lesquels voyageaient toujours isolés.
Restait le danger de la concurrence : ce danger
était réel; toutes les fois qu'on proclama la
liberté du commerce exotique, la présence des
concurrents surexcita les indigènes ou les colons,
qui vendaient alors plus cher leurs produits; les
commerçants y perdaient beaucoup, et la consommation européenne n'y gagnait pas grand'
chose. Est-ce pour ce seul motif que l'on main-
tint les Compagnies de colonisation durant près
de deux siècles?

Personne ne le croira.

Et, d'ailleurs, la réalité est qu'on ne les main-
tint pas durant deux siècles, au moins sur le
même pied. Les Compagnies privilégiées eurent
une période de prodigieuse faveur, qui va de
1626 à 1715. Ces quatre-vingt-neuf années
(Louis XIII et Louis XIV), sur les 78 Com-
pagnies dont je parlais plus haut, en comprennent 52. Le maximum d'activité est de 1664
à 1698; pendant ces vingt-quatre années, il se
fonda 19 Compagnies, parmi lesquelles la Compagnie des Indes orientales. Au contraire,
à partir de 1715 à 1785, c'est-à-dire durant

soixante-dix ans, il ne se fonda que 12 Compagnies. Il est vrai que l'une d'elles a le monopole ou plutôt prétend au monopole sur la moitié du monde connu; mais, en fait, au bout de peu de temps, elle ne trafiquait plus qu'avec les seules Indes orientales. Et une foule de territoires, qui autrefois relevaient des Compagnies de colonisation, avaient, depuis 1715 et même bien avant (notamment pour le Canada), passé sous l'administration directe du roi : le Canada, déjà cité, le Sénégal, la Martinique, la Guadeloupe, Saint-Domingue, la Guyane, Grenade, la Réunion, l'Ile de France, etc. Dès les premières années du xviiie siècle, on n'avait plus confiance dans les Compagnies.

Tout à fait au début, l'opinion sur la portée de ces Compagnies est partagée : Montchrétien les soutient énergiquement[1]; Richelieu ne voit pas sans elles de colonisation possible[2]. Et plus

---

1. « Il n'y a point de meilleure méthode pour s'accommoder *bientôt* du commerce colonial que de le faire en société comme les Hollandais... Car un particulier, quelque opulent qu'il peut être, ne le saurait longtemps soutenir tout seul, outre que les choses se font plus sagement et plus sûrement qui sont dressées et conduites par le conseil de plusieurs ayant même intérêt et même foi. »

2. « Faute de ces Compagnies, et pour ce que chaque petit

tard, Montesquieu, quoique parfois il condamne
leur monopole et leur esprit de lucre, ne conçoit
pas non plus la colonisation en dehors d'elles.
Mais Montesquieu est l'un des derniers publicistes qui aient approuvé le principe des Compagnies. Reprenant l'opinion de Bodin, qui les
déclare injustes et dangereuses, des États du Tiers
de 1614, qui les condamnent comme contraires
à l'esprit de liberté dont a besoin le commerce, des Corps des marchands de 1661, qui pro-
fessent, d'après l'expérience de nos voisins, que
« la liberté soit aux marchandises, soit aux personnes, fait fleurir le commerce »[1], les encyclopédistes, et Voltaire et Turgot, et presque tous
les publicistes du milieu et de la fin du xviiie siècle,
font contre elles une charge à fond. De fait, de

marchand trafique à part et de son bien, ils partent pour la
plupart en de petits vaisseaux assez mal équipés, ils sont la
proie des corsaires et des princes nos alliés, parce qu'ils n'ont
pas les reins assez forts, comme aurait une grande compagnie, de poursuivre leur justice jusqu'au bout. »

1. Raynal avait une théorie spéciale. Il ne s'occupe que du
commerce des Indes. Pour ce commerce — les fonds mettent
trois ans à rentrer, les risques sont considérables, — il faut
une société; mais cette société n'a pas besoin de privilège.
Les particuliers seront libres de leur faire concurrence. En
fait, ils ne lui en feront aucune : il n'y a qu'une compagnie
puissante qui puisse résister dans ce genre d'affaires (*Hist.
Phil.*, II, 320-333).

1769, date de la chute de la Compagnie des Indes, à 1785, nous ne voyons se fonder que 4 Compagnies, et, depuis 1730 jusqu'à 1785, nous n'en voyons que 7.

C'est qu'il faut bien le reconnaître, les procédés et les résultats de ces Compagnies étaient également détestables.

A la vérité, les premières, les toutes premières Compagnies (début du xviie siècle), avaient découvert des territoires, les avaient peuplés et avaient ainsi étendu l'influence française. Mais les autres, celles qui leur succédèrent, se contentèrent d'occuper, et encore partiellement, les territoires découverts par les premières; et l'effort qu'elles firent pour les peupler fut beaucoup moins intense et moins efficace.

En sorte qu'au bout de 180 ans, toutes ces nouvelles France, sur lesquelles la royauté avait tout d'abord fondé tant d'espoir, se réduisaient à peu de chose et même à presque rien. Et je sais bien que la perte proprement dite de toutes ces colonies n'est pas imputable aux Compagnies ni au principe sur lequel elles reposaient; mais si ces colonies ont pu être si facilement, et sans récrimination, abandonnées par la métropole

sous Louis XV et sous Napoléon, c'est, entre
autres raisons, qu'elles étaient insuffisamment
peuplées de Français, et dans un état matériel
bien peu satisfaisant.

Voilà pour la colonisation proprement dite.
Quant au commerce des Compagnies, quoique
ce fût la principale ambition de Louis XIV, il
fut toujours médiocre, comme les finances furent
toujours sacrifiées, et les actionnaires successifs
toujours ruinés.

Ces résultats misérables étaient dus à bien des
causes que j'ai minutieusement analysées. Ces
Compagnies n'avaient ni l'intelligence de leur
position et des devoirs qu'elle leur imposait
envers la France, ni les moyens matériels d'uti-
liser les privilèges immenses qu'on leur avait
concédés. Investies de pouvoirs très étendus,
mises en possession de territoires illimités, elles
ne faisaient usage que d'une partie de ces pouvoirs, elles ne mettaient en valeur qu'une fraction de ces territoires. La notion si élevée de
Richelieu s'était abaissée : les nouvelles France,
dont il voulait couvrir le monde, étaient rame-
nées aux proportions de simples domaines à
exploiter.

Et exploiter était le mot. On exploitait les colons résidant sur le territoire, on exploitait les métropolitains qui venaient y trafiquer, on exploitait ceux qui avaient à faire faire des transports entre la France et le domaine de la Compagnie; finalement on trafiquait de ce domaine lui-même et on le vendait au dernier, quand ce n'était pas au premier enchérisseur.

Quant à la gestion des Compagnies, le plus souvent elle était pitoyable. Ambitieuses de pouvoirs, jalouses de renommée, avides de gain, elles étaient en même temps soupçonneuses envers leurs agents, envieuses envers leurs rivaux, prodigues dans leur gestion et ladres dans leurs entreprises. Leur organisation territoriale valait leur exploitation commerciale; rien n'était plus mal conçu que leur régime des terres; et, quant à leur âpreté et à leurs injustices envers leurs actionnaires, et à leur petitesse d'esprit envers leurs concurrents, on ne peut leur comparer que leur dédain profond des intérêts généraux du pays. L'histoire de Dupleix a été répétée à cent exemplaires. Mais l'histoire ne sait pas tout : elle n'enregistre que les éclatantes victoires ou les chutes retentissantes.

16.

Il faut le dire toutefois, ces procédés misérables ou mesquins, cette étroitesse de vue, cet esprit de lucre, cette absence de grandes idées, les Compagnies ne pouvaient guère y échapper. Le privilège, et ce qu'il entraîne avec soi, les dominait : on ne fait pas sa part au sentiment de jalousie, qui est derrière tout monopole.

Et ce n'était pas tout. Dans le monde des faits, elles étaient, comme dans le monde des sentiments, dominées par une puissance supérieure : le roi.

Le roi? il n'y a pas un acte des grandes Compagnies derrière lequel on ne l'aperçoive. C'est lui qui fonde les Compagnies, lui qui leur délivre les chartes, lui qui fait pour elles la propagande dans le pays, lui qui arrache, souvent de force, les souscriptions à toutes les classes de la nation, lui qui subventionne, aide, encourage, relève les Compagnies, qui choisit ou fait choisir leurs directeurs, qui décide les entreprises à essayer, les opérations à conduire, les dividendes à répartir, lui qui ouvre les portes à certains colons et les ferme à certains autres, lui qui entraîne les Compagnies dans le cercle d'attraction de sa politique européenne, économique, religieuse, etc., lui, en un mot, qui décide, ordonne, commande, dirige et, en somme, remplit tous les rôles, sauf le seul qui, logiquement, lui était départi et dont personne ne se charge : le contrôle.

Et quand on sait cela, quand derrière les chartes, derrière les réunions d'actionnaires et les délibérations des Conseils, on ne voit qu'une seule puissance, celle du roi, alors on se demande ce que c'était que les Compagnies de l'ancien régime. Et une fois que cette question est posée, une fois levé le voile qui abritait tant de secrets, on ne peut plus prendre au sérieux l'importance prétendue, le rôle, l'initiative, l'esprit d'entreprise de ces grandes machines d'apparat. Tout cela n'a été que des instruments aux mains du roi. L'instrument travaillait quand et comme le roi voulait et, quand il le voulait, l'instrument restait ou redevenait oisif. Il n'y a pas eu de véritable initiative coloniale, en dehors du roi; il n'y a pas eu, à vrai dire, de politique coloniale en dehors de celle du roi.

En sorte que, quand on interroge l'expérience des deux derniers siècles et que, comme argument pour ou contre des Compagnies qu'on veut ressusciter, on invoque l'exemple des Compa-

gnies de ce temps, on commet une erreur de
fait et l'on plaide contre sa thèse. Les Compagnies privilégiées n'étaient rien; le roi était
tout. C'est au roi seul que nous devons la politique coloniale de l'ancien régime.

Cela ne veut pas dire qu'il faille aujourd'hui
condamner le procédé, les Compagnies de colonisation; car les circonstances ont singulièrement changé : presque pas un des arguments
que l'on invoquait à l'appui de la création de ces
Compagnies, ne peut être invoqué aujourd'hui;
et, d'autre part, un élément décisif d'action, de
contrôle et de concurrence et, par suite, de
succès, a surgi : la vapeur. Mais cela veut dire
que les comparaisons qu'on essaie ne reposent
sur rien; que les Compagnies de colonisation
de l'ancienne monarchie n'ont eu que l'apparence de la liberté, de l'initiative, j'allais dire
de l'existence, et que, comme telles, elles ne
prouvent rien en faveur des Compagnies de
demain, qui devraient être libres, agissantes et
vivantes.

TABLE DES MATIÈRES

CHAPITRE III
Causes d'insuccès.

Coulommiers. — Imp. Paul BRODARD. — 304-98.

Armand COLIN & Cie, 5, rue de Mézières, Paris.

www.ingramcontent.com/pod-product-compliance
Lightning Source LLC
Chambersburg PA
CBHW070355090426
42733CB00009B/1423